A IGREJA DO NOVO TESTAMENTO: SUA ORGANIZAÇÃO E SUAS FUNÇÕES

UM ESTUDO PROGRAMADO

Sam Westman Burton

Wipf and Stock Publishers
EUGENE, OREGON

Wipf and Stock Publishers
199 West 8th Avenue, Suite 3
Eugene, Oregon 97401

A Igreja do Novo Testamento: Sua Organizacao e Suas Funcoes
Um Estudo Programado
By Burton, Sam Westman

ISBN: 1-59244-240-4
Publication date: May, 2003
Previously published by NP, May, 2003

PREFÁCIO

Todos sabem da necessidade de uma liderança bem treinada e preparada para a edificação e o crescimento da igreja no século 21. Sam Westman Burton, autor deste texto programado, reconhece essa verdade e fornece uma resposta.. As lições estão baseadas nas Escrituras do Novo Testamento. O autor tira a maneira de apresentá-las de sua larga experiência e da de outras pessoas. Pessoalmente, tenho usado este estudo (em sua forma anterior) repetidas vezes no Brasil, em Portugal e em Moçambique (em Português), em Honduras (em Espanhol), e na Birmânia (em Inglês). Este estudo pode ser utilizado de diversas maneiras, principalmente devido a sua simplicidade. Pode ser facilmente adaptado para os niveis primário, secundário e universitário. Tenho usado o texto em todas essas situações.

Tenho a honra de conhecer o irmão Sam há cerca de trinta anos. Encontramo-nos enquanto ambos servíamos ao Senhor no Brasil. Tínhamos e ainda temos em comum a convicção de que a Educação Teológica por Extensão (ETE) constitui uma ferramenta vital para a preparação e o treinamento de uma liderança nas igrejas locais que se multiplicam rapidamente no Brasil e ao redor do mundo. O meu desejo é que esta obra seja largamente divulgada e utilizada no mundo de expressão portuguesa para honra e glória do nosso Senhor Jesus Cristo.

Thomas "W" Fife
Eagle Pass, Texas

INTRODUÇÃO

Há muitos bons estudos sobre a doutrina da igreja. Não pretendemos repetir os ensinos destes livros. Mas hoje em dia há também bastante confusão quanto a igreja local em sua organização bíblica e em suas funções. Neste estudo vamos estudar alguns aspectos da igreja local ou o grupo de crentes numa localidade. A palavra “ekklesia” no Novo Testamento se traduz com as palavras igreja, assembléia ou congregação. Quando usamos a palavra “igreja” muitas vezes temos em mente um edifício, um prédio, ou um templo. Dizemos, “Vamos a igreja.” Mas a palavra significa um organismo e não uma cousa material. Nós vamos usar a palavra neste sentido de organismo ou de crentes reunidos juntos. A igreja local, pois, é uma parte da igreja universal. Este estudo pode ser usado como suplementar ou é também completo em si. A Bíblia usada nos estudos é Edição Revista e Atualizada no Brasil.

Este estudo mostra alguns conhecimentos do livro, NEW TESTAMENT ORDER FOR CHURCH AND MISSIONARY (A Ordem do Novo Testamento para a Igreja e os Missionários) por Alexander Rattray Hay. As experiências com minha querida esposa, Betsy, de trinta e oito anos no compo missionário em Argentina, Uruguai, Brasil, Mexico e Guatemala também contribuiram para elaboração do tema.

Esperamos que este estudo seja uma bênção na igreja e para a glória do Senhor Jesus Cristo.

Sam W. Burton

ÍNDICE

LIÇÃO PÁGINA

LIÇÃO 1 **O ENSINO DE JESUS CRISTO**

A IGREJA UNIVERSAL

Ao terminar esta lição você deverá ser capaz de:

-- Dizer a quem pertence a igreja?

-- Explicar o que é a igreja universal.

-- Dar a promessa de Jesus Cristo quanto a igreja vitoriosa.

1. Leia as palavras do Senhor Jesus em Mateus 16:18, "Edificarei a minha igreja e as portas do inferno não prevalecerão contra ela." Quem está falando nesta passagem é ____________________ ______________________.

2. (Jesus Cristo) Esta passagem nos ensina que a igreja pertence a _____________ ___________________.

3. (Jesus Cristo) A palavra que expressa esta verdade é a palavra ______________.

4. (Minha) Segundo o versículo o edificador da igreja é ___________________.

5. (Jesus ou Cristo) Quando Jesus pronunciou estas palavras a igreja . . .

   (Assinale a resposta certa)

   A. ___________ Já existia no passado.

   B. ___________ Existe no presente das palavras.

   C. ___________ É ainda no futuro.

6. (C) A primeira promessa do Senhor Jesus aqui então é "______________ ____ ____________________ ______________________."

7. (Edificarei a minha igreja) Nesta passagem a igreja não existia ainda. Jesus está falando da igreja universal e não da igreja ____________________.

8. (Local) Jesus estava falando da igreja ______________________________.

9. (Universal)Devemos considerar agora o que significam as palavras "igreja universal." Não significam um prédio, denominação ou uma congregação de crentes locais, referimos àquele grupo grande de pessoas individuais desde Pentecostes, que tem crido no Senhor Jesus Cristo como Salvador e Senhor. É um corpo eterno e universal, visível e invisível unido com Cristo pela fé, "Os escolhidos em Cristo." (Efésisos 1:4) Igreja universal não significa um ________________ ou ____________________ ou uma ____________________________ de crentes locais.

10. (Prédio, denominação, congregação) A igreja universal é composta de todos os crentes em Cristo de todas as épocas. Os crentes de todas as épocas pertencem a ________________________ __________________________.

11. (Igreja universal) Leia outra vez Mateus 16:18 notando especialmente a última frase, nesta frase notamos a segunda promessa do Senhor Jesus quanto a igreja: "as ______ do ____________________ (Hades) ________ ____________________________ ______________________ ela."

12. (Portas, inferno, não prevalecerão contra) As palavras "as portas do inferno ou Hades" referem-se ao poder, domínio da pessoa de Satanás e as hostes do mal. Mas __________________________ não pode vencer a igreja que pertence a Cristo.

13. (Satanás) Muitas vezes parece que Satanás, o inimigo da igreja, está vencendo numa igreja local mas é confortável saber que finalmente "as ____________ do _______ não ________________________________ contra ela", a igreja universal.

14. (Portas, inferno, prevalecerão) Quando Jesus disse, "edificarei a minha igreja" estava falando da ________________________ ______________________________.

15. (Igreja universal) A igreja pertence a _______________________________.

16. (Jesus ou Cristo) Jesus prometeu, "__________________________ a minha igreja."

17. (Edificarei) Jesus prometeu também que sua igreja é uma igreja vencedora. A igreja de Cristo é uma igreja _______________________________________.

18. Anota o último item: (Vencedora ou vitoriosa)

Sugestões e Plano de aula para o Estudo em Grupo

Lição 1: O Ensino de Jesus Cristo - A Igreja Universal

Plano:

1. Verificar se os alunos estudaram a lição ou reservar tempo para o estudo.
2. Ler passagens bíblicas relacionando-as com o assunto.
3. Usar as seguintes perguntas ou referências para motivar a troca de idéias.

Perguntas e Referências:

1. Qual o contexto das palavras de Jesus em Mateus 16:18? Leia 16:13-20.
2. O que significam as palavras, ". . . sobre esta pedra"? Que pedra?
3. Discutir as palavras "as portas do inferno não prevalecerão contra ela." É verdade?
4. Anotar a definição da igreja universal em Efésios 1:22,23.
5. Promova uma discussão sobre as palavras "sobre esta pedra" - consulte o livro "Doutrina da Igreja" - William M. McMillan, Instituto Bíblico Mineiro, pp. 22-24.

LIÇÃO 2 **O ENSINO DE JESUS CRISTO**

A IGREJA LOCAL

Ao terminar esta lição você deverá ser capaz de:

-- Definir o que é a igreja local.

-- Dar a promessa do Senhor Jesus quanto aos crentes reunidos.

-- Explicar o contexto ou assunto destes versículos.

19. Vamos agora estudar outra passagem do ensino do Senhor Jesus sobre a igreja. Leia Mateus 18:15-20. Segundo o título inscrito na sua Bíblia antes do versículo 15, o assunto do texto é "Como se ______________ __________________ a um _________________ ______________________________".

20. (Deve, tratar, irmão culpado) O assunto da passagem é: Como tratar o irmão que persiste no seu pecado, mas não vamos tratar disso agora. Queremos apenas notar os versículos 17 e 20 desta passagem. (Em outro estudo voltaremos ao assunto). Em versículo 17 achamos a palavra ________________________ duas vezes.

21. (Igreja) Agora é impossível levar um assunto antes da igreja universal porque é invisível e espalhada. Por isso, a igreja mencionada nesta passagem é a igreja _________.

22. (Local) A passagem em Mateus 18:17 está tratando da ____________ __________.

23. (Igreja local) A igreja local é aquela parte da igreja universal que se reune numa localidade. A igreja local é uma parte da _________________ ______________________.

24. (Igreja universal) Na passagem em Mateus 16:18, Jesus estava falando, (assinale a resposta certa).

A. _____ duma denominação.

B. _____ da igreja local.

C. _____ da igreja universal.

25. (C) Acertou? Jesus falou da igreja universal, mas em Mateus 18:17, Jesus estava falando da ________________ ________________.

26. (Igreja local) A igreja local é um grupo de crentes "escolhidos por Deus" que se reunem numa ____________________________.

27. (Localidade) Vamos estudar agora o versículo 20 de Mateus capítulo 18. O assunto é ainda a questão do irmão em pecado, mas notamos que versículo 18 fala de "ligar" e "desligar" e versículo 19 fala de oração. Versículo 20 então está falando da igreja local em oração. Versículo 20 fala da ________________ ______________ em oração.

28. (Igreja local) Aqui temos a definição da igreja local mais simples, "dois ou três reunidos em meu nome". O nome aqui é o nome de ____________________.

29. (Jesus ou Cristo) A igreja local pode ser bem pequena, só "dois ou três". Uma só pessoa não pode considerar-se igreja, assembléia ou congregação. Uma só pessoa não pode ser uma ________________ ________________.

30. (Igreja local) Mas dois ou três reunidos como uma igreja em comunhão com Cristo e não só como pessoas individuais pode ser uma igreja local. Uma definição da igreja local mais simples é: "_________ ou _________ ____________________ em ____________ ___________________".

31. (Dois, três reunidos, Meu nome) A promessa bendita do Senhor Jesus aos crentes reunidos verdadeiramente em seu nome é "ali estou no meio deles". Jesus promete sua ___________________________ com a igreja local reunida em seu nome.

32. (Presença) A igreja local pode ser bem simples mas tem que reunir-se em seu ______.

33. (Nome) Este nome é o nome de _______________________________.

34. (Jesus ou Cristo) A igreja local tem uma promessa preciosa: A ________________ de ________________________________.

35. (Presença, Jesus ou Cristo) Em Mateus 18:17 Jesus fala da ____________ ________.

36. (Igreja local) A igreja local é composta dos verdadeiros crentes reunidos em nome de ____________________________.

37. (Jesus ou Cristo) A igreja local mais simples possível seria de ______________ ou ______________ crentes.

38. (Dois, três) A promessa mais preciosa para a igreja reunida é a _________________ de ________________________ _______________________.

39. (Presença, Jesus Cristo).

Sugestões e Plano de aula para o Estudo em Grupo

Lição 2: O Ensino de Jesus Cristo - A Igreja Local

Plano:

1. Verificar se os alunos já estudaram a lição ou reservar tempo para o estudo.
2. Ler passagens bíblicas relacionando-as com o assunto.
3. Usar as seguintes perguntas ou referências para motivar a troca de idéias.

Perguntas e Referências:

1. Qual é o assunto do contexto de Mateus 18:15-20?
2. O que é uma igreja local?
3. Qual é a diferença da igreja local e a igreja universal?
4. Qual é a igreja local mais simples?
5. Qual é a promessa do Senhor Jesus aos verdadeiros crentes reunidos em seu nome?

   O que significa isto para você?

LIÇÃO 3 **A IGREJA DO NOVO TESTAMENTO**

COMEÇOU NO DIA DE PENTECOSTES

Ao terminar esta lição você deverá ser capaz de:

-- Considerar as promessas de Jesus quanto a vinda do Consolador.

-- Saber quando começou a igreja.

-- Compreender a importância de I Coríntios 10:32.

40. Já temos visto na primeira lição que a Igreja estava no futuro quando Jesus falou as palavras de Mateus 16:18. Quando Jesus falou as palavras de Mateus 16:18, a igreja ainda estava no ______________________________.

41. (Futuro) Se foi assim, quando então começou a igreja? Vamos lembrar que a igreja, "O corpo de Cristo", era um "mistério escondido em Deus". (Leia Efésios 3:3-6) Foi uma coisa não revelada precisamente no Velho Testamento. A igreja era um ______________________________ escondido em Deus.

42. (Mistério) Mas vamos notar algumas palavras do Senhor Jesus antes da sua morte, ressurreição e ascensão. Leia João 14:16,17,20 e 26: "E eu rogarei ao Pai, e ele vos dará outro Consolador . . . o Espírito da verdade . . .; vós o conheceis, porque ele habita convosco e estará em vós, naquele dia vós conhecereis que eu estou em meu Pai e vós em mim e eu em vós . . . mas o Consolador, o Espírito Santo, a quem o Pai enviará em meu nome . . .". Nestes versículos Jesus prometeu aos seus discípulos outro ______________________________.

43. (Consolador) Nestes versículos (pode ler de novo) há dois outros nomes dados ao Consolador. São ____________________ da ____________________ e ____________________ ____________________.

44. (Espírito, verdade, Espírito Santo) Quem enviaria o Consolador, o Espírito Santo seria o ________________.

45. (Pai) Estes versículos nos ensinam também que o Espírito Santo habitaria com os discípulos mas ainda não habitava neles. O Consolador já habitava nos corações ou nas vidas dos discípulos?

A. _____ Sim

B. _____ Não

46. (B) As palavras "naquele dia" são palavras que expressam no contexto:

A. _____ O passado

B. _____ Presente

C. _____ Futuro

47. (C) Sim, são palavras no futuro. E há uma verdade preciosa: Quando vier o Espírito Santo haverá uma união íntima e preciosa entre o Pai, o Filho, e os seus. Se expressa nas palavras: "vós conhecereis que eu ______________ em _______ _______ e vós _______ ___________ e eu _____________ ______________".

48. (Estou, meu Pai, em mim, em vós) Bom! Vamos olhar mais duas passagens: Leia Atos 1:5 e 8. As palavras: ". . . mas vós sereis batizados com o Espírito Santo, não muito depois destes dias . . .", ". . . mas recebereis poder, ao descer sobre vós o

Espírito Santo . . .". Os verbos sublinhados estão no tempo __________________.

49. (Futuro) Agora! Quando foram cumpridas estas palavras e promessas? Leia Atos 2:1-4. Já leu? Bem! No versículo 1 diz, "Ao cumprir-se o dia de Pentecostes, estavam todos (Algumas 120 pessoas – 1:15) reunidos no mesmo lugar". O Espírito Santo veio e em versículo 4, "Todos ficaram cheios do Espírito Santo". Todas as palavras e promessas anteriores foram cumpridas no dia de __________________.

50. (Pentecostes) O Espírito Santo veio no dia de ____________________________.

51. (Pentecostes) Quando começou a igreja? A igreja começou no dia de ___________.

52. (Pentecostes) Quando veio o Consolador? Quando ficaram os discípulos em união íntima com o Pai e com o Filho? Quando foram os discípulos batizados com (ou em) o Espírito Santo? No ___________ de ____________________________.

53. (Dia, Pentecostes) Leia I Coríntios 12:13, "Pois, em um só Espírito, todos nós fomos batizados em um corpo, quer judeus, quer gregos, quer escravos, quer livres.E a todos nós foi dado beber de um só Espírito".Desde Pentecostes todo verdadeiro crente, todo "escolhido por Deus" é batizado pelo Espírito no "corpo de Cristo" onde não há raça nem classe de sociedade. Todo verdadeiro crente, todo verdadeiro "filho de Deus" é membro da ___________________________ de _______________________.

54. (Igreja, Cristo) Há outra passagem importantíssima para compreendermos o programa de Deus nesta época da sua graça. Olhe I Coríntios 10:32, "Não vos torneis causa de tropeço nem para judeus, nem para gentios, nem tão pouco para a igreja de Deus".

Paulo nesta passagem nos ensina as divisões da humanidade nesta dispensação da igreja. São: os ____________________, os ____________________, e a ____________________ de ______________________.

55. (Judeus, gentios, igreja, Deus) Os judeus são o povo de Deus do Velho Testamento, escolhidos desde os dias de Abraão. Os gentios são os não judeus (ou as nações) de todas as épocas. E a igreja de Deus é composta dos convertidos (os salvos em Cristo) entre os judeus e gentios desde Pentecostes. A igreja de Deus é composta de ______ e __________________ convertidos desde ________________________.

56. (Judeus, gentios, Pentecostes) A igreja pertence a ____________ ____________.

57. (Jesus Cristo) Jesus prometeu, "__________________________ a minha igreja".

58. (Edificarei) Jesus disse que a igreja mais simples consiste de "_______ ou ______ reunidos em __________ __________________.

59. (Dois, três, meu nome) O Consolador, o Espírito Santo, veio no dia de __________.

60. (Pentecostes) A ______________________ começou no dia de Pentecostes.

61. (Igreja) A igreja de Deus consiste de __________________ e _______________ convertidos em Cristo.

62. (Judeus, gentios)

Sugestões e Plano de aula para o Estudo em Grupo

Lição 3: A Igreja do Novo Testamento Começou no Dia de Pentecostes

Plano:

1. Verificar se os alunos já estudaram a lição ou reservar tempo para o estudo.
2. Ler passagens bíblicas relacionando-as com o assunto.
3. Usar as seguintes perguntas ou referências para motivar a troca de idéias.

Perguntas e Referências:

1. Quando começou a igreja?
2. A igreja de Cristo existe no Velho Testamento?
3. Qual é a relação entre o começo da igreja e a vinda do Espírito Santo?
4. Nos dias de hoje, quando é que o crente é batizado com o Espírito Santo?
5. Em I Coríntios 10:32, qual a diferença dos judeus, gentios e a igreja de Deus?

LIÇÃO 4 **JERUSALÉM**

A PRIMEIRA IGREJA LOCAL

Ao terminar esta lição você deverá ser capaz de:

-- Dizer onde estava a primeira igreja local.

-- Contar os resultados da pregação de Pedro.

-- Dar as quatro atividades daquela igreja segundo Atos 2:42.

-- Explicar a importância do estudo bíblico da igreja.

63. Já temos visto como a igreja começou no dia de Pentencostes. Naquele dia, Pedro pregou seu grande discurso sobre o Senhor Jesus Cristo. Vamos ver agora os resultados. Leia Atos 2:41-47. Já leu? Que maravilha as cousas que aconteceram naquele dia! Todas estas cousas aconteceram na cidade de Jerusalém. Podemos dizer que a primeira igreja local começou na cidade de ______________________.

64. (Jerusalém) Em Jerusalém começou a primeira ______________ ______________.

65. (Igreja, local) Queremos notar algumas das atividades desta nova congregação. Notamos primeiramente como começaram. Em versículo 41 lemos, "então os que lhe aceitaram a palavra foram batizados; havendo um acréscimo naquele dia de quase três mil pessoas". As pessoas que aceitaram a palavra foram ____________. (Veja a nota sobre o batismo ao final desta lição – Perguntas e Referências)

66. (Batizados) Houve muita gente, quase __________ __________ pessoas.

67. (Três mil) Antes de considerar mais detalhe do versículo 42, vamos apenas notar algumas cousas que se passaram nos versículos 43 a 47:

vs. 43 - "em cada alma havia temor". Houve prodígios e sinais.

vs. 44 - "Todos os que creram estavam juntos e tinham tudo em comum".

vs. 45 - Mostraram seu amor uns para com os outros numa maneira prática.

vs. 46 - "perseveravam unânimes no templo, partiram pão de casa em casa, . . . tomavam refeições com alegria e singeleza de coração".

vs. 47 - Louvaram a Deus. Houve bom testemunho com o povo.

O resultado desta reverência a Deus, a unidade dos irmãos, o amor, a perserverança, a alegria e o louvor a Deus, era tanto que o Senhor "acrescentava lhes . . . dia a dia os que iam sendo salvos". O resultado de andar com Deus e uns com os outros em amor é o ______________________________ da igreja.

68. (Crescimento) Que alegria! Que bênção! Vamos agora considerar o versículo 42 e a organização simples da congregação em Jerusalém. O versículo diz: "E perseveravam na doutrina dos apóstolos e na comunhão, no partir do pão e nas orações". Disse que permaneceram ou ficaram perseverantes ou fiéis em quatro atividades:

1. Na doutrina dos ____________________________.
2. Na ____________________________________.
3. No ______________________ do ________________.
4. Nas ____________________________________.

69. (Apóstolos, comunhão, partir, pão, orações) Consideraremos cada atividade em ordem, primeiramente notamos que seguiam diligentes na ____________ dos ________________________________.

70. (Doutrina, apóstolos) Os novos crentes batizados começaram logo "estudar a Bíblia". Sem dúvida estudaram o Velho Testamento e as profecias cumpridas na pessoa de Jesus Cristo, o Messias prometido. Sem dúvida estudaram quanto a pessoa de ______________________ ______________________.

71. (Jesus Cristo) Mas também, sendo a doutrina (ensino) apostólica, estudaram todas as palavras que Jesus tinha deixado com seus discípulos. Jesus prometeu em João 16:13 o seguinte: "quando vier, porém, o Espírito da verdade, ele vos guiará a toda a verdade; porque não falará por si mesmo, mas dirá tudo o que tiver ouvido, e vos anunciará as cousas que hão de vir". Notamos nas últimas duas frases que o Espírito Santo lhes daria lembranças das palavras de Jesus e também lhes daria revelações do futuro. Uma parte da doutrina apostólica são as ____________________ de ______________________________.

72. (Palavras, Jesus) Uma outra parte é cousas do ________________________.

73. (Futuro) No tempo de Atos 2:42, a doutrina dos apóstolos era ainda oral, que quer dizer, por viva voz e não escrita. Mas agora nós temos as palavras de Jesus e a doutrina dos apóstolos no Novo Testamento. Por isso nós devemos estudar o Velho Testamento e o ________________ ____________________________.

74. (Novo Testamento) A igreja local (a congregação juntos) precisa estudar a Bíblia ou toda a palavra de Deus. Este estudo pode ser na escola dominical, no estudo bíblico da semana, num retiro espiritual e em outras maneiras. O importante é que a igreja local tenha seu ________________________ ________________________.

75. (Estudo bíblico) A palavra em Atos 2:42 "perseveravam" não só tem o sentido de estudar mas também o sentido de guardar ou obedecer. A congregação local precisa ________________________ e ________________________ a doutrina dos apóstolos ou a ______________________________.

76. (Estudar, obedecer ou guardar, Bíblia) As quatro atividades da igreja em Jerusalém são (veja item 68):

1. Estudar e obedecer a ____________________ dos __________________.
2. Manter ______________________________.
3. __________________ o __________________.
4. Seguir nas ________________________________.

77. (Doutrina, Apóstolos, comunhão, partir, pão, orações) Em nossas congregações locais devemos sempre estudar a Bíblia ou a ____________________ de __________.

78. (Palavra, Deus) Uma das atividades importantes para a igreja é manter seu estudo ____________________________.

79. (Bíblico) A primeira atividade da igreja em Jerusalém era permanecer na __________ dos ________________________________.

80. (Doutrina, Apóstolos) Nós chamamos esta atividade o ________________ bíblico.

81. (Estudo) Cada grupo de crentes deve ter seu ______________ ______________.

82. (Estudo Bíblico)

Sugestões e Plano de aula para o Estudo em Grupo

Lição 4: Jerusalém: A Primeira Igreja Local

Plano:

1. Verificar se os alunos já estudaram a lição ou reservar tempo para o estudo.
2. Ler passagens bíblicas relacionando-as com o assunto.
3. Usar as seguintes perguntas ou referências para motivar a troca de idéias.

Perguntas e Referências:

1. Onde começou a primeira igreja local?
2. Qual foi o resultado da pregação de Pedro?
3. O que estudavam em grupo? Atos 2:41-47.
4. Quais as manifestaçõoes da benção de Deus sobre a nova igreja?
5. Qual e a importância do estudo bíblico na sua igreja?
6. O item 65: O batismo, há um estudo bom sobre o modo, o significado e os candidatos para o batismo. Veja o livro A Igreja por José Martins (CEIBEL), Lição 16, pp. 107-114. Nós cremos que o batismo é para os que crêem em Cristo como Salvador e entendem sua fé e que o modo é por imersão.

LIÇÃO 5 A COMUNHÃO DA IGREJA OU CONGREGAÇÃO OU ASSEMBLÉIA

Ao terminar esta lição você deverá ser capaz de:

-- Dar o significado da palavra "comunhão".

-- Explicar a chamada de Deus para nós termos comunhão com Jesus.

-- Definir o propósito de Deus em nos anunciar o evangelho segundo I João 1:3.

-- Discutir a importância de Hebreus 10:25 na vida da igreja.

83. Já temos visto que a primeira atividade duma congregação local é ter um estudo bíblico. Em Atos 2:42, a segunda cousa mencionada é "e na comunhão". A igreja local deve ter ______________________________.

84. (Comunhão) Vamos estudar um pouco o que pode significar esta "comunhão". Há vários significados da palavra como "acordo de idéias" ou "sacramento das religiões cristãs". Também se refere a Ceia do Senhor como nas expressões "comunhão do sangue de Cristo" e "comunhão do corpo de Cristo" em I Coríntios 10:16. Mas no contexto dos usos da palavra, cremos que significa mais "união juntos", "intimidade", "estar juntos em reunião". A igreja local deve ter ____________________ juntos.

85. (Comunhão) Vamos estudar alguns versículos que expressam estes pensamentos. Em I Coríntios 1:9 lemos, "Fiel é Deus, pelo qual fostes chamados a comunhão de seu Filho Jesus Cristo nosso Senhor". Paulo nos ensina que os crentes de Coríntio foram chamados a ____________________________ de Jesus Cristo.

86. (Comunhão) Que precioso! Nós, como crentes, somos chamados à comunhão de Jesus Cristo, somos chamados a ter uma relação íntima e eterna com Jesus. O crente é chamado para ter __________________ com __________ __________.

87. (Comunhão, Jesus Cristo) Esta comunhão com Jesus significa participar da vida de Jesus, escutar e obedecer sua palavra, e manter tempo de oração com Ele. O crente tem o privilégio de manter ___________________________ com Jesus.

88. (Comunhão) Deus chama o crente "à __________________ de seu ________ __________________ Cristo".

89. (Comunhão, Filho, Jesus) Veja outros versículos como: II Coríntios 13:13,"comunhão do Espírito". Filipenses 2:1, "comunhão do Espírito". O crente pode experimentar a ________________________ do _____________________.

90. (Comunhão, Espírito) Esta comunhão com Cristo e com o Espírito como crentes individuais é a base da comunhão de crentes juntos em Cristo. Já temos estudado que a igreja local pode ser "dois ou três <u>reunidos</u> em meu nome". Este nome é o nome de _________________________.

91. (Jesus) Os dois ou três ou mais são _____________________ em nome de Jesus.

92. (Reunidos) Em Gálatas 2:9, o apóstolo Paulo escreveu, "E, quando conheceram a graça que me foi dada, Tiago, Cefas e João . . . me estenderam, a mim e a Barnabé, a destra de <u>comunhão</u>". Sem dúvida houve um "acordo de idéias" e uma aceitação uns dos outros em amor e ministério. Paulo e Barnabé tiveram __________________ com os outros apóstolos.

93. (Comunhão) Outra passagem importante é I João 1:3, "O que temos visto e ouvido anunciamos também a vós outros, para que vós igualmente mantenhais comunhão conosco. Ora, a nossa comunhão é com o Pai e com seu Filho Jesus Cristo". Que palavra preciosa! O Apóstolo João nos ensina que o propósito de anunciar o evangelho é para ter irmãos na família. "Para que vós igualmente mantenhais comunhão conosco". O desejo de João e seus colegas na fé é manter ____________________ entre os crentes.

94. (Comunhão) É assim. O propósito de pregar o evangelho é para que a família cresça e para que haja uma comunhão, uma unanimidade, uma união, uma reunião entre os crentes em Cristo. Um propósito dos crentes em Cristo é manter _________________ entre eles.

95. (Comunhão) Leia de novo I João 1:3. Já leu? Na última frase João disse, "Ora, a nossa comunhão é com o Pai e com seu Filho Jesus Cristo". Já temos visto que o crente foi chamado a comunhão de Jesus e a comunhão do Espírito. Agora temos a comunhão com o Pai. O verdadeiro crente mantém comunhão com o __________, com o ________________ Jesus Cristo e com o _______________ ___________.

96. (Pai, Filho, Espírito Santo) Como crentes individuais e como crentes reunidos juntos devemos manter comunhão com o ____________, o _________________ e o _____________________ ____________________.

97. (Pai, Filho, Espírito Santo) Agora, o que significa tudo isto numa maneira prática? Como se aplicam estas verdades na congregação ou igreja local?

Leia Hebreus 10:24,25, "Consideramo-nos também uns aos outros, para nos estimularmos ao amor e às boas obras. Não deixemos de congregar-nos . . .".

Os crentes devem estimular-se ao ____________ e as ________ __________.

98. (Amor, boas obras) Deve manter-se entre crentes em comunhão consideração, amor, boas obras. E "não __________________ de ________________________".

99. (Deixemos, congregar-nos) Outras traduções dizem: "Não deixando a nossa congregação (ou assembléia)", "Não abandonemos . . . o costume de assistir as reuniões", Não descuidemos dos nossos deveres na igreja, nem as suas reuniões". Sem dúvida há muito ensino nesta frase sobre a questão de mudar de uma congregação para outra, etc. Mas neste estudo queremos ficar com a questão duma igreja local em comunhão. Não há dúvida! Para os crentes manterem comunhão têm que estar juntos nas reuniões. Para os crentes numa igreja local manter comunhão tem que assistir as _________________________ da igreja.

100. (Reuniões) A presença física e espiritual do crente nas reuniões da igreja é necessária para experimentar plena comunhão com os outros irmãos. Para o membro da igreja é necessário sua presença nas ____________________________.

101. (Reuniões) O crente deve tomar uma parte ativa em todas as reuniões da igreja para mostrar sua plena ____________________________.

102. (Comunhão) Quando pensamos da igreja em Jerusalém em "comunhão", pensamos dos crentes <u>juntos</u> em todas as atividades da congregação. A comunhão e o resultado de seu amor uns para com os outros. O crente em comunhão mostra o amor em seu

desejo de estar _______________________.

103. (Juntos) A igreja local deve ter ____________ ________________ juntos.

104. (Comunhão) O crente é chamado para ter ___________________________ com

_____________________ Cristo.

105. (Comunhão, Jesus) Também o crente pode experimentar a comunhão do ________.
(veja item 89)

106. (Espírito) Em I João 1:3, João nos ensina que “a nossa comunhão é com o _______

e com seu Filho Jesus Cristo”.

107. (Pai) Hebreus 10:25 diz que “Não _______________ de __________________”.

108. (Deixemos, congregar-nos) Para mostrar numa maneira prática a comunhão, o crente

deve estar em todas as _____________________ da _____________________.

109. (Reuniões, igreja ou congregação)

Sugestões e Plano de aula para o Estudo em Grupo

Lição 5: A Comunhão da Igreja

Plano:

1. Verificar se os alunos já estudaram a lição ou reservar tempo para o estudo.
2. Ler passagens bíblicas relacionando-as com o assunto.
3. Usar as seguintes perguntas ou referências para motivar a troca de idéias.

Perguntas e Referências:

1. Quais são várias definições da palavra "comunhão" e sua aplicação na vida da igreja?
2. Qual o significado da nossa comunhão com Deus e com os irmãos em Cristo? Estude I João 1:3.
3. Qual a importância dos crentes estarem em todas as reuniões e atividades da congregação? Veja Hebreus 10:23-25.

LIÇÃO 6 A MESA DO SENHOR

Ao terminar esta lição você deverá ser capaz de:

-- Dar os nomes usados para a Mesa do Senhor.

-- Saber quem instituiu a Ceia do Senhor e quando.

-- Dizer aos outros o significado desta festa memorial.

-- Dar uma pequena exposição de I Coríntios 11:23-26.

110. Temos estudado duas atividades da primeira igreja. A primeira igreja local se achou na cidade de ________________________________.

111. (Jerusalém) Achamos aquela congregação estudando a doutrina dos apóstolos e mantendo comunhão juntos. A terceira atividade mencionada em Atos 2:42 é "no ________________ do ____________" veja item 68.

112. (Partir, pão) O que pode significar "no partir do pão"? Encontramos a mesma frase em Atos 20:7, "No primeiro dia da semana, estando nós reunidos com o fim de partir o pão". A maioria dos comentaristas concordam que esta frase refere-se a Ceia do Senhor. A frase "o partir do pão" refere-se a __________ do __________.

113. (Ceia ou Mesa, Senhor) Antes de considerarmos algumas cousas quanto a Mesa do Senhor, seria proveitoso notar os nomes usados para esta reunião. O nome aqui em Atos 2:42 é "o _____________________ do ________________.

114. (Partir, pão) Na lição passada já olhamos as frases em I Coríntios 10:16, ". . . a comunhão do sangue de Cristo?" ". . . a comunhão do corpo de Cristo." Destas

frases o nome que usamos para a Ceia do Senhor é a ________________________.

115. (Comunhão) Em I Coríntios 10:21 encontramos as palavras, "ser participantes da Mesa do Senhor." O nome aqui é a _______________ do _______________.

116. (Mesa, Senhor) Seguindo em I Coríntios, Paulo trata com alguns abusos na reunião dos crentes. Em 11:20 ele escreveu, "Quando, pois, vos reunis no mesmo lugar, não é a Ceia do Senhor que comeis". Neste versículo o nome usado é a ___________ do _________________________.

117. (Ceia, Senhor) Mais tarde no capítulo, nos versículos 24 e 26, lemos, "Fazei isto em memória de mim".(Veja também Lucas 22:19) O nome aqui seria "em __________ de _______________".

118. (Memória, mim) A Igreja Católica usa a palavra "Eucaristia". Esta palavra vem do grego de I Coríntios 14:16 e é traduzida "ação de graças". Quando estamos lembrando o Senhor Jesus em sua morte por nós, estamos oferecendo uma "_________ de _________________________."

119. (Ação, graças) Vamos agora ver se você pode lembrar os nomes usados para esta reunião da igreja. Veja os itens 113 a 118. Os nomes usados são:

1. O ___________________________ do ____________________ 113.
2. A _________________________________ 114.
3. A ______________________ do ________________________ 115.
4. A ___________________ do _________________________ 116.
5. Em _____________________________ de __________________ 117.

6. ______________________________ ou _______________ de ___________ 118.

120. (1. Partir, pão; 2. Comunhão; 3. Mesa, Senhor; 4. Ceia, Senhor; 5. memória, mim; 6. Eucarista, ação, graças) Acertou? Muito bem! Sem dúvida cada nome tem seu significado, pensamento e instrução mais profundo. Em nosso estudo aqui não vamos aprofundar o modo em que o Senhor Jesus Cristo se faz presente na Ceia ou Mesa. (Veja a nota deste item ao final desta lição. Pergunta 1). O fato é que ele está presente na Ceia com os verdadeiros crentes reunidos em seu nome. Jesus está ___________________________ na Ceia do Senhor.

121. (Presente) Notamos que Jesus é o centro da reunião e que a Mesa, a Ceia pertence a Ele. <u>É do Senhor.</u> Cremos que o Senhor Jesus instituiu duas ordenanças: o batismo e a Mesa do Senhor. As passagens principais sobre a Ceia são: Mateus 26:26-30; Marcos 14:22-26; Lucas 22:14-20; Atos 2:42-46; Atos 20:7; I Coríntios 10:16-21; I Coríntios 11:23-34. É claro que seria de muito proveito estudar cada passagem. Mas nosso estudo é limitado! Nas passagens nos evangelhos (Mateus, Marcos, Lucas) achamos estas palavras: "Enquanto comiam, tomou Jesus um pão e, abençoando-o, o partiu e o deu aos discípulos, dizendo: tomai, comei; isto é o meu corpo." (Mateus) Lucas acrescenta as palavras, ". . . oferecido por vós; fazei isto em memória de mim." Quem instituiu a Ceia foi ___________________________.

122. (Jesus) É mesmo. Jesus celebrou a primeira Ceia com seus discípulos. Foi Jesus que ________________________________ a Ceia do Senhor.

123. (Instituiu) A prática seguida nas igrejas do Novo Testamento. Leia I Coríntios 11:23-32. Já leu? Muito bem. Nesta passagem temos a instrução que Paulo deu a igreja dos Coríntios. É uma passagem cheia de ensino, significado, advertência e benção. Vamos apenas notar algumas das cousas preciosas neste trecho. Não pretendemos fazer um estudo completo ou compreensivo. Em 11:23, Paulo escreveu, "Porque eu recebi do Senhor o que também vos entreguei." Paulo recebeu esta instrução do ____________________.

124. (Senhor) Está certo! Paulo recebeu este ensino do Senhor Jesus. Mas ele não guardou-o só para si. Ele ____________________ o ensino aos crentes em Coríntio.

125. (Entregou) Ele entregou o ensino aos crentes, agora este ensino começa com a palavra "que" em versículo 23, "que o Senhor Jesus". Quem deu o ensino a Paulo foi o ________________ ________________.

126. (Senhor Jesus) ". . . Jesus, na noite em que foi traido, tomou o pão." Jesus foi traido a noite da páscoa. Jesus instituiu a Ceia do Senhor na noite da última __________.

127. (Páscoa) Jesus foi traido por ____________________.

128. (Judas) Naquela noite Jesus instituiu a ______________ do ______________.

129. (Ceia, Senhor) Jesus tomou o pão, deu graças, e o partiu e disse: "Isto é o meu corpo, que é dado por vós; fazei isto em memória de mim." Jesus mandou, "______________ isto."

130. (Fazei) Quando tomamos o pão devemos fazê-lo em memória de ____________.

131. (Jesus) Em versículo 25, Jesus tomou o cálice. Ele disse: "Este cálice é a nova aliança no meu sangue." O cálice representa (é) a ______________ aliança no ______________________ de Jesus.

132. (Nova, sangue) Outra vez Jesus disse: "Fazei isto". É a vontade de Jesus que celebremos a Ceia do Senhor. É o mandamento de Jesus. Jesus ______________ que celebremos a Ceia.

133. (Mandou) É uma festa memorial. Jesus disse, "fazei isto em _______________ de ________________."

134. (Memória, mim) Agora versículo 26 explica uma verdade preciosa e importante. Ele disse: "Todas às vezes que comerdes este pão e beberdes o cálice, anunciais a morte do Senhor, até que ele venha." Paulo nos ensina que estamos pregando(anunciando, proclamando) a morte de ________________________.

135. (Jesus) Sua morte é a base da nossa salvação; Jesus morreu pelos nossos pecados, sua morte é fato básico do evangelho. Quando a congregação toma a Ceia "em espírito e em verdade" está pregando o ____________________________.

136. (Evangelho) Está certo! O pão e o cálice representam (entre outras cousas) a morte do ______________________________.

137. (Senhor) A passagem diz também, "Até que ele venha." Aqui está falando da segunda vinda de Jesus. Devemos celebrar a Ceia do Senhor até a ____________

vinda de _______________________________.

138. (Segunda, Jesus) Quem instituiu a Ceia do Senhor foi o mesmo _______________.

139. (Jesus) Há vários nomes usados para a Ceia. Veja de novo o item 119. O fato é que Jesus está _______________________________ na Ceia ou Mesa do Senhor.

140. (Presente) O Apóstolo Paulo recebeu o ensino sobre a Ceia do Senhor __________.

141. (Jesus) Na passagem estudada em I Coríntios 11:23-26, o pão e o cálice representam a _____________________________ de _________________________.

142. (Morte, Jesus) Ao celebrar a Ceia os crentes proclamam a morte do Senhor até a _______________________________ _________________________.

143. (Segunda vinda).

Sugestões e Plano de aula para o Estudo em Grupo

Lição 6: A Mesa do Senhor

Plano:

1. Verificar se os alunos já estudaram a lição ou reservar tempo para o estudo.
2. Ler passagens bíblicas relacionando-as com o assunto.
3. Usar as seguintes perguntas ou referências para motivar a troca de idéias.

Perguntas e Referências:

1. O item 120. Nota! Há uma boa consideração do significado da Ceia do Senhor no livro: A Igreja (autodidático) por José Martins (CEIBEL), Lição 17, pp. 115-123.

2. Quais são os nomes usados para a Mesa do Senhor? Discutir o significado mais profundo de cada nome.

3. Qual o significado que a Ceia pertence ao Senhor?

4. Como podem os crentes realizar (ou reconhecer) melhor a presença do Senhor na Mesa?

5. Qual o significado de João 4:23,24 em relação à Mesa do Senhor?

6. Qual o significado daquela última páscoa?

LIÇÃO 7 A MESA (CEIA) DO SENHOR: ADVERTÊNCIA (I CORÍNTIOS 11:27-32) E FREQÜÊNCIA DE CELEBRAÇÃO

Ao terminar esta lição você deverá ser capaz de:

-- Explicar a importância de I Coríntios 11:27-32.

-- Dizer o privilégio que o crente tem de examinar-se.

-- Dar pensamentos sobre a mesa do Senhor como uma reunião da igreja.

-- Saber com que freqüência alguns de nós achamos que se deve celebrar a Mesa do Senhor.

144. Há muito ainda que se pode estudar nestes versículos (I Coríntios 11:223-26). Mas vamos ficar aqui; e ir para frente. Versículos 27 e 29 são uma advertência importante e séria. Dizem, "Aquele que comer ... indignamente (de modo indigno) será réu (culpado) do corpo e do sangue do Senhor". E , "Quem come e bebe, sem discernir o corpo, come e bebe juízo (castigo) para si". Estes versículos são uma ___________ séria.

145. (Advertência) Alguns dos coríntios estavam tomando a Ceia indignamente e sem discernimento. Tornaram-se culpados e sob juízo! Os crentes carnais da igreja de Corínto tomaram a Ceia indignamente. Ficaram ___________________________.

146. (Culpados ou réus) O resultado de seu comportamento, de seu pecado e falta de espiritualidade se acha em versículo 30, ". . . fracos e doentes, e não poucos que dormem". Pode ser que estas palavras se referem aos estados físicos – fracos,

doentes e mortos!! ("pecado traz a morte") Mas é mais correto que se referem aos estados espirituais: espiritualmente fracos, espiritualmente doentes, espiritualmente adormecidos! Entre os coríntios houve crentes "____________ e ___________ e não poucos que ______________________________".

147. (Fracos, doentes, dormem) Que se deve fazer então? Nos versículos 28, 31, 32 encontramos verdades e privilégios preciosos. Tomar a Ceia e assim expressar nossa comunhão e união com Cristo, nossa lembrança da sua morte, nosso discernimento de seu corpo é um ato bem sério. Por isso, o Apóstolo escreveu, "examine-se, pois, o homem a si mesmo".É a obrigação e responsabilidade de cada crente __________.

148. (Examinar-se) O crente deve examinar-se antes de tomar a Ceia do Senhor. Em 11:31 lemos, "Se nós julgássemos a nós mesmos". As duas palavras usadas são ____________________________ e __________________________.

149. (Examinar, julgar) O crente tem o dever e o privilégio de examinar-se e julgar-se. Ele examina-se para ver se há qualquer pecado na sua vida: orgulho, fingimento, imoralidade, espírito crítico, ódio ou resentimento com outro irmão, inveja, ciume, mentira, roubo, etc. Ele juga o que é pecado e confessa-o antes de tomar a Ceia. (Veja I João 1:9 e 2:1). O crente tem o privilégio de ______________________ e ________________________________.

150. (Examinar-se, julgar-se) E Paulo escreveu, "E assim coma do pão e beba do cálice". É julgar o mal para logo voltar a plena comunhão com Cristo e os irmãos. Sim, o crente deve sempre manter comunhão com ______________________ e com os

_________________________ em Cristo.

151. (Cristo, irmãos) Se expressa esta comunhão celebrando a _______ do _________.

152. (Ceia, Senhor) A promessa para o crente que julga-se é "não seriamos julgados". O crente que julga-se não é __________________________________.

153. (Julgado) Mas quando não nos julgamos então o Senhor tem que disciplinar-nos como filhos: "Mas, quando julgados somos disciplinados pelo Senhor". O Senhor nos ama e por issso nos _______________________________________.

154. (Disciplina) O propósito desta disciplina é "para não sermos condenados com o mundo". (Veja Romanos 8:1) O crente deve ___________________________ e _____________________________________ antes de tomar a Ceia.

155. (Examinar-se, julgar-se) Este é um grande ________________________ e bençāo.

156. (Privilégio ou responsabilidade) Temos considerado a terceira atividade da igreja, "o partir do pão". Agora queremos estudar a pergunta: Com que freqüência devemos celebrar a Ceia do Senhor? A pergunta que vamos considerar é com que _________ devemos celebrar a __________________ do Senhor?

157. (Freqüência, Ceia) Devemos celebrar a Ceia do Senhor todos os meses, de três em três meses, uma vez por ano ou cada semana? Depende muito como consideramos a Ceia do Senhor, como <u>uma reunião da igreja</u> ou só como uma festa espiritual importante que celebramos de vez em quando. O que era <u>A</u> reunião da igreja nos tempos apostólicos? Vamos considerar se a Ceia é uma ______________ da __________

ou uma ______________________________ de vez em quando.

158. (Reunião, igreja, celebração) O Apóstolo Paulo expressa a reunião da igreja desta forma: "quando vos reunis na igreja". – I Coríntios 11:18; "quando, pois, vos reunis no mesmo lugar". – I Coríntios 11:20. "Que fazer, pois, irmãos? Quando vos reunis, um tem salmo, outro doutrina, este traz revelação, aquele outra língua, e ainda outro interpretação. Seja tudo feito para edificação" – I Coríntios 14:26. A frase repetida é "____________________ vos ____________.

159. (Quando, reunis) Houve uma reunião dos crentes para exercer os dons de I Coríntios 12 e 14 na base do amor de I Coríntios 13. Paulo disse (no item anterior), "Seja tudo feito para ______________________________.

160. (Edificação) Neste tempo também celebraram a Ceia do Senhor. Parece que os ensinos de I Coríntios 10:14-22 e I Coríntios 11, 12, 13, 14 estão no contexto da Ceia do Senhor como a reunião principal da igreja. Parece que a Ceia do Senhor é uma ______________________ da ____________________.

161. (Reunião, igreja) A reunião principal da igreja -- a reunião de adoração -- é a _____ do ________________________.

162. (Ceia, Senhor) Se a Mesa (Ceia) do Senhor é uma reunião, com que freqüência devemos celebrá-la? Em Atos 2:46 lemos, ". . . partiam pão de casa em casa, e tomavam as suas refeições com alegria e singeleza de coração". Se este "partir pão" é a Ceia, então parece que celebraram a Ceia do Senhor quase todos os dias. Possívelmente no princípio celebraram a Ceia do Senhor quase __________ os _____.

163. (Todos, dias) Em Atos 20:7 lemos, "No primeiro dia da semana, estando nós reunidos, com o fim de partir o pão". (vs. 11, "partiu o pão e comeu"). Nesta passagem os crentes de Trôade celebraram a Ceia do Senhor com o Apóstolo ___________.

164. (Paulo) Celebraram esta reunião de adoração no _________________________ dia da _________________________________.

165. (Primeiro, semana) O primeiro dia da semana é ____________________________.

166. (Domingo) Ainda que este versículo não diz com que freqüência celebraram a Mesa do Senhor, pelo menos diz que foram reunidos com o fim de _______________ o ___________ no _______________________ dia da ____________________.

167. (Partir, pão, primeiro, semana) Em João 20:19 e 26 achamos estas palavras, "Ao cair da tarde daquele dia, o primeiro da semana . . . veio Jesus, pôs-se no meio, e disse-lhes: Paz seja convosco! . . . Passados oitos dias, estavam outra vez ali reunidos os seus discípulos . . . veio Jesus . . .". Depois da sua ressurreição, Jesus apareceu aos seus discípulos <u>dois domingos seguidos.</u> Jesus veio no _______________________ dia da ________________________ e também _______________ dias depois.

168. (Primeiro, semana, oito) Agora este fato não tem nada a ver com a Ceia do Senhor precisamente, só queremos notar que Jesus estava com os seus, dois domingos ____________________________ e que houve comunhão e alegria juntos.

169. (Seguidos) Outra passagem importante sobre a questão de freqüência é I Coríntios 11:26, "Porque <u>todas as vezes</u> que comerdes este pão e beberdes o cálice". Aqui

notamos que não diz quantas vezes mas diz "______________ as ___________".

170. (Todas, vezes) Segundo este pensamento há muita liberdade quanto a freqüência. "Todas as vezes" pode ser muitas vezes ou cada vez mas expressa a idéia, freqüêntemente. A passagem expressa que devemos celebrar a Mesa do Senhor _________.

171. (Freqüêntemente) Vamos notar algo desta freqüência na história da igreja. Há um escrito do segundo século que se chama, O Ensino dos Doze Apóstolos. Neste escrito diz que celebraram a Ceia do Senhor "todos os dias do Senhor". Na igreja primitiva há evidência que tomaram a Ceia "_________________ os _________ do ______________________" ou cada semana (domingo).

172. (Todos, dias, Senhor) Na história de grupos que voltaram a simplicidade da Palavra de Deus começaram celebrando a Mesa do Senhor cada domingo.Citamos os seguintes grupos: os Batistas (Ana-batistas), os Metodistas, os Presbiterianos, os Waldensianos, os Irmãos Livres. Há evidência histórica de grupos que celebraram a Ceia do Senhor cada ____.

173. (Semana ou domingo) Nos ensinos de João Wesley achamos que ele celebrou a Ceia pessoalmente cada três dias e ensinou aos seus seguidores que deve ser cada semana. João Wesley ensinou que a Ceia deve ser celebrada cada ____________________.

174. (Semana) João Calvino ensinou que a Ceia deve ser celebrada pelo menos uma vez por semana. Segundo ele a comunhão deve ser celebrada pelo menos ___________ semana.

175. (Cada) Qual é então a nossa conclusão? A conclusão é que a Mesa ou Ceia do Senhor é uma reunião da igreja (a reunião de adoração) e que deve ser celebrada cada semana. A Mesa do Senhor é uma ____________________ da ___________.

176. (Reunião, igreja) A Mesa do Senhor deve ser celebrada pelo menos cada ________.

177. (Semana). *

* Isto não sugere que os que celebrem a Ceia do Senhor uma vez por mês ou menos frequente não estejam "adorando ao Senhor" nesse tempo. Estão obedecendo a palavra, "todas as vezes".

Sugestões e Plano de aula para o Estudo em Grupo

Lição 7: A Mesa do Senhor: Advertência e Freqüência

Plano:

1. Verificar se os alunos já estudaram a lição ou reservar tempo para o estudo.
2. Ler passagens bíblicas relacionando-as com o assunto.
3. Usar as seguintes perguntas ou referências para motivar a troca de idéias.

Perguntas e Referências:

1. Qual é a importância do crente examinar-se antes de tomar a Ceia do Senhor?
2. Qual é o privilégio que o crente tem que o descrente não tem?
3. A Mesa do Senhor é uma celebração que se faz de vez em quando ou é uma reunião da igreja? O que você pensa?
4. Com que freqüência devemos celebrar a Ceia do Senhor?

LIÇÃO 8 — A REUNIÃO DE ORAÇÃO

Ao terminar esta lição você deverá ser capaz de:

-- Explicar a importância da reunião de oração da igreja.

-- Dar uns pensamentos do ensino de Jesus sobre oração.

-- Mostrar aos outros o lugar de oração na igreja primitiva.

178. Temos estudado a perseverança da igreja em Jerusalém como um exemplo de uma igreja local. A Escritura em Atos 2:42 disse, "E perseveravam na doutrina dos apóstolos e na comunhão, no partir do pão e nas ____________________.

179. (Orações) A oração é uma das cousas mais importantes na vida do crente e na vida da igreja local. O crente que não ora será fraco. A igreja que não ora também será ____________________.

180. (Fraca) Notamos que na igreja em Jerusalém "perseveravam . . . nas __________.

181. (Orações) Vamos agora estudar a importância da reunião de oração na vida da igreja. Seria bom primeiramente voltarmos às palavras do Senhor Jesus em Mateus 18:15-20. Em versículo 17 temos visto que a palavra "igreja" se repete duas vezes. O contexto então fala a respeito da ____________________.

182. (Igreja) Esta é a igreja local em oração. Lemos nos versículos 19 e 20 "Em verdade também vos digo que, se dois dentre vós, sobre a terra, concordarem a respeito de qualquer cousa que porventura pedirem, ser-lhes-á concedida por meu Pai que está nos céus. Porque onde estiverem dois ou três reunidos em meu nome, ali estou no

meio deles". Já temos estudado (Lição 2, itens 27-30) que estes versículos estão falando da ______________ ______________ em ______________.

183. (Igreja local, oração)Também em versículo 20 temos notado a promessa da ______ de ______________________.

184. (Presença, Jesus)Esta presença de Jesus está na verdadeira reunião de __________.

185. (Oração) Jesus está presente na verdadeira reunião de oração. Citamos as palavras de Alexandre R. Hay (o Noticiário Evangélico, agosto de 1974, pp.117):"Ele mesmo está presente no meio com todo seu poder, sabedoria, autoridade divina e absoluta ... Ele está presente com aqueles que estão reunidos em seu nome, como uma igreja que está funcionando, --ainda que só sejam dois ou três". Agora vamos notar a palavra "porque". Esta palavra refere ao versículo 19 onde achamos os dois ou três concordando em oração. Estes dois ou três representam a ___________ ________ mais simples e não qualquer dois em qualquer lugar.

186. (Igreja local) Aqui notamos a igreja local em oração unânime ("concordarem"). A concordância aqui não é a maioria de votos mas a unanimidade juntos de todos os membros da igreja. A igreja local deve ter ______________________ em oração.

187. (Unanimidade) Este "concordar"ou estar unânime "a respeito de qualquer cousa que porventura pedirem" é possível porque Jesus está ______________________.

188. (Presente) A igreja local está concordando com o Senhor Jesus que está no meio deles. Está concordando com a vontade de Deus. Os dois ou três (como igreja mais simples) estão concordando com a ______________________________ de Deus.

189. (Vontade) Há também no versículo 19 uma grande promessa, é a promessa da resposta das orações da igreja local, que se expressa nas palavras: "ser-lhes-á concedida por ____________ ____________ que está nos ______________.

190. (Meu Pai, céus) Que benção! Quando estamos reunidos juntos e unânimes com Cristo em oração o Pai nos concede as nossas petições. A igreja em oração tem a promessa da ________________________________ do ________________.

191. (Resposta, Pai) Queremos notar algumas outras palavras do Senhor Jesus sobre oração. Por exemplo em João 14:13,14 Jesus disse, "E tudo quanto pedirdes em meu nome isso farei, a fim de que o Pai seja glorificado no Filho. Se me pedirdes alguma cousa em meu nome, eu o farei."Quando oramos devemos pedir em nome de _____.

192. (Jesus) Sim. Devemos orar em nome de Jesus Cristo. Duas vezes achamos a promessa de Jesus "eu o __________________________".

193. (Farei) O propósito da resposta de oração em nome de Jesus é "a fim de que o ____ seja ______________________________ no Filho." (Veja também João 16:23,24)

194. (Pai, glorificado) Vamos fazer apenas uma lista das condições necessárias para que o crente ou a igreja receba a resposta de sua oração:

1. O crente deve permanecer em Cristo. (João 15:7)

2. Deve estar andando de acordo à Palavra de Deus. (I João 3:22)
3. Sua oração deve ser de acordo à Palavra de Deus. (Mateus 22:29)
4. Sua oração deve ser de acordo à vontade de Deus. (I João 5:14,15)
5. Depende da atitude para os que lhe rodeam. (Mateus 5:23,24; Marcos 11:24, 25; I Timóteo 2:8)
6. Sua oração deve ser "no Espírito". (Efésios 6:18; Judas 20; Romanos 8:26, 27)
7. Deve orar com fé – uma fé dada pelo Espírito para aquilo que está na vontade de Deus. (Marcos 11:24; I Coríntios 12:9; Tiago 1:7-8)

Para receber respostas de oração há certas ______________________________.

195. (Condições) Vamos notar um pouco a igreja primitiva em oração. Num sentido real e verdadeiro a igreja começou numa reunião de oração. Em Atos 1:13, 14 e 2:1-4 lemos "Quando ali entraram, subiram para o cenáculo onde se reuniam . . . todos estes perseveravam unânimes em oração . . . Ao cumprir-se o dia de Pentecostes, estavam todos reunidos no mesmo lugar; de repente veio do céu um som, como de um vento impetuoso, e encheu toda a casa onde estavam assentados . . . Todos ficaram cheios do Espírito Santo . . .". Num sentido real e verdadeiro a igreja começou no dia de Pentecostes numa __________________ de ______________.

196. (Reunião, oração) Acertou? Sim. A Igreja começou numa reunião de oração. Mas continuou orando? Já notamos em Atos 2:42 que sim. "Perseveravam . . . nas orações." A igreja primitiva continuava em ______________________________.

197. (Oração) Mas como a igreja vai enfrentar seus problemas? Um problema que surgiu logo foi o de perseguição. Pedro e João ficaram presos e foram proibidos de falar em

nome de Jesus. Notemos o que passou (4:23,24). "Uma vez soltos, procuraram aos irmãos e lhes contaram quantas cousas lhes haviam dito os principais sacerdotes e os anciãos. Ouvindo isto, unânimes levantaram a voz a Deus . . .". Quando havia um problema com alguns irmãos da congregação ou com o testemunho os irmãos se reuniram para ______________________________.

198. (Orar ou oração) Notamos também no versículo 24, "ouvindo isto, _____________ levantaram a voz".

199. (Unânimes) Uma igreja tendo um problema qualquer deve reunir-se para orar. O que foi o resultado desta unanimidade em oração? Em 4:31 lemos, "Tendo eles orado tremeu o lugar onde estavam reunidos; todos ficaram cheios do Espírito Santo, e, com intrepidez, anunciavam a palavra de Deus." Deus deu resposta as suas ____________________________________.

200. (Orações) Em Atos 12:5, Pedro foi preso de novo "mas havia oração incessante a Deus por parte da igreja a favor dele." Podemos dizer que quando qualquer irmão está em perigo qualquer a igreja deve ____________________ por ele.

201. (Orar) A igreja estava crescendo e espalhando-se não só entre os judeus mas também entre os gentios. "Havia na igreja de Antioquia profetas e mestres . . . E, servindo eles ao Senhor, e jejuando, disse o Espírito Santo: Separai-me agora a Barnabé e a Saulo para a obra a que os tenho chamado. Então, jejuando, e orando, e impondo sobre eles as mãos, os despediram" - Atos 13:1-3. Notamos outra ocasião de oração. Quando a igreja estava crescendo e Deus quis usar certos membros para

expandir a obra, revelou sua vontade e chamou a todos em ________________.

202. (Oração) Estes irmãos eram sinceros e sérios. A Palavra diz que não só oraram mas também ____.

203. (Jejuaram) Sim, às vezes é necessário que a igreja passe tempo em oração e jejum para buscar e fazer a vontade de Deus. Realmente todas as atividades da congregação devem ser feitas com muita ____________________________.

204. (Oração) Mais tarde quando Paulo estava viajando e pregando o evangelho e congregações foram estabelecidas, havia necessidade de líderes nas igrejas. Que fizeram? Em Atos 14:23 lemos, "E, promovendo-lhes em cada igreja a eleição de presbíteros, depois de orar com jejuns, os encomendaram ao Senhor em quem haviam crido." Na eleição dos oficiais das congregações locais há necessidade de muita ___________.

205. (Oração) É verdade. Em todas as decisões na congregação deve ter unanimidade em oração. Vamos notar so três outras passagens sobre oração. Uma encontramos em Atos 20:36. Paulo está com os presbíteros da igreja de Éfeso e está despedindo-se deles pela última vez, todos ficaram tristes mas lemos, (Paulo) "tendo dito estas cousas, ajoelhando-se, orou com eles." (Veja também 21:5) Em tempos difíceis e emocionantes os irmãos oraram juntos. Todos nós precisamos da benção de Deus em oração juntos em tempos ____________ e ____________________ como nas despedidas.

206. (Difíceis e emocionantes) Outra passagem muito importante é Tiago 5:13-17. Leia-a

na sua Bíblia. Nestes versículos quantas vezes tem a palavra "oração" ou "orar"?

a. ______ 3 vezes

b. ______ 4 vezes

c. ______ 5 vezes

d. ______ 6 vezes

207. (d) Um exemplo dum homem que orou com fé e instância é ________________.

208. (Elias) Há muito ensino nesta passagem que não podemos considerar agora, mas há uma pergunta: Que deve fazer um doente da congregação? Note versículo 14. Ele deve ________________ os ____________________ da __________.

209. (Chamar, presbíteros, igreja) Nestes versículos então, o que fazer quando há sofrimento (vs. 13), doença (vs. 14) ou pecado (vs. 16), os irmãos da igreja precisam ____________________.

210. (Orar) Agora todos nós sabemos que a oração é um campo de batalha, como crentes individuais e como congregações não dedicamos muitas vezes suficiente tempo em oração, mas Paulo nos ensina a importância de vencer esta batalha. Lemos em Efésios 6:18,19, "Com toda oração e súplica, orando em todo tempo no Espírito, e para isto vigiando com toda perseverança e súplica por todos os santos, e também por mim; para que me seja dada, no abrir da minha boca, a palavra, para com intrepidez fazer conhecido o mistério do evangelho." Que passagem maravilhosa e instrutiva! Veja se você pode preencher as palavras faltando. Só no versículo 18: "toda ______________________ e ______________________".

"todo ______________________ no ________________________".

"toda ____________________________________ e súplica".

"todos os __________________________________".

211. (Oração, súplica; tempo, Espírito; perseverança; santos) Acertou? Bem feito! Na igreja cm Jerusalém "perseveraram . . . nas _________________________".

212. (Orações) A igreja local precisa manter sua ________________________ de ____________________________.

213. (Reunião, oração) Na reunião de oração há a promessa da _________________ de Jesus.

214. (Presença) A palavra "concordarem" expressa o pensamento que a igreja local deve ter ___________________________________ em oração.

215. (Unanimidade) A igreja está concordando ou mantendo unanimidade com a ______________________________ de Deus.

216. (Vontade).

Sugestões e Plano de aula para o Estudo em Grupo

Lição 8: A Reunião de Oração

Plano:

1. Verificar se os alunos já estudaram a lição ou reservar tempo para o estudo.
2. Ler passagens bíblicas relacionando-as com o assunto.
3. Usar as seguintes perguntas ou referências para motivar a troca de idéias.

Perguntas e Referências:

1. Como se aplica Mateus 18:19. 20 à reunião de oração?
2. Quais são as condições necessárias na vida do crente para que receba respostas das suas orações? (Veja o item 194)
3. Qual a importância de oração no crescimento da igreja?
4. A sua igreja prática as palavras de Tiago 5:14?
5. Por que se diz que a oração é campo de batalha?

LIÇÃO 9 **O CORPO DE CRISTO:**

AS MANIFESTAÇÕES DO ESPÍRITO SANTO

Ao terminar esta lição você deverá ser capaz de:

-- Explicar algo sobre o corpo de Cristo e seus membros.

-- Definir os dons do Espírito.

-- Dizer porque Deus deu os dons aos membros da igreja.

217. Em nosso estudo temos dedicado muito tempo sobre as atividades da primeira igreja local e sua aplicação aos nossos dias. Temos visto a vida vital da igreja funcionando segundo as normas do Novo Testamento. Mas a igreja, o corpo de Cristo, se compõe de membros, todos sacerdotes. Em I Pedro 2:5 lemos, "também vós mesmos, como pedras que vivem, sois edificados casa espiritual para serdes sacerdócio santo". Também em versículo 9, "Vós, porém, sois raça eleita, sacerdócio real . . .". Em Apocalipse 1:5,6, lemos o que Jesus fez em nossa redenção: "Aquele que nos ama, e pelo seu sangue nos libertou dos nossos pecados, e nos constituiu reino, sacerdotes para o seu Deus e Pai". Cada membro da igreja, cada crente é ____.

218. (Sacerdote) Um sacerdote tem privilégios e responsabilidades de ministério e de funcionamento. Todos os crentes na igreja tem ____________________________ e ____ como sacerdotes.

219. (Privilégios, responsabilidades) Deus faz com que os membros do corpo sejam interdependentes uns dos outros. (Veja a unidade orgânica da igreja em

I Coríntios 12:12-27). Como diz em versículo 12, "Porque, assim como o corpo é um, e tem muitos membros, e todos os membros, sendo muitos, constituem um só corpo, assim também com respeito a Cristo". E versículo 27, "Ora, vós sois corpo de Cristo; e, individualmente, membros desse corpo". No corpo há muitos ______.

220. (Membros) Sim. Há muitos membros mas um só ______________________.

221. (Corpo) Então, cada crente é membro do corpo de Cristo, um sacerdote com privilégios e responsabilidades. Agora Deus deu dons ou manifestações do Espírito para o melhor funcionamento do corpo. Sim. Deus deu ______ ou ____________ do Espírito para que o corpo (a igreja) funcione bem.

222. (Dons, manifestações) Há várias passagens importantes sobre os dons e ministérios, capacidades do Espírito Santo na vida dos crentes: Romanos 12:3-8; I Coríntios 12:1-11; 27-31; Capítulo 14; Efésios 4:7-16; I Pedro 4:10,11. Não pretendemos estudar em detalhe cada passagem. Vamos primeiramente olhar a lista que encontramos em Efésios 4:11, "E ele mesmo concedeu uns para apóstolos, outros para profetas, outros para evangelistas, e outros para pastores e mestres". Faça a lista dos ministérios nesta passagem:

1. ________________________ 2. ________________________

3. ________________________ 4. ________________________

5. ________________________

223. (Apóstolos, profetas, evangelistas, pastores, mestres) Estes ministérios são os ministérios (capacidades) Básicos ou Fundmentais na igreja de Cristo. Temos em

I Coríntios 12:28 três destes cinco: apóstolos, profetas, mestres. Estes ministérios são os ministérios ____________________ ou _________________________ da igreja. (Para uma discussão destes veja a referência dada em número 1 das perguntas desta lição).

224. (Básicos, fundamentais) É importante distinguir entre os: 1) Dons espirituais, 2) As graças espirituais (I Coríntios 13, Gálatas 5:22,23), e 3) As posições ou funções espirituais (pessoas). Os cinco ministérios básicos estão tratando mais com ______________________________ espirituais.

225. (Posições ou funções) Sim, os cinco ministérios básicos têm a ver mais com posições espirituais na igreja. Em nosso estudo vamos considerar a questão dos dons do Espírito. Em I Coríntios 12:1, lemos "A respeito dos dons espirituais, não quero, irmãos que sejais ignorantes". Parece que na igreja dos coríntios houve _________ quanto aos dons.

226. (Ignorância) Sim, Paulo escreveu ". . . não quero . . . que sejais ignorantes". Houve ignorância naqueles tempos e também hoje há bastante confusão tocante os dons ou manifestações do Espírito. Não queremos ser ___________________________.

227. (Ignorantes) Primeiramente queremos notar uma cousa importantíssima. Em I Coríntios 12:7 lemos, "A manifestação do Espírito é concedida a <u>cada um</u>, visando a um fim proveitoso". E em Efésios 4:7, "E a graça foi concedida a <u>cada um</u> de nós segundo a proporção do dom de Cristo". Estas passagens dizem que a manifestação ou dom do Espírito (Cristo) é concedida a ________________ ___________.

228. (Cada um) Sim. Cada crente tem um dom ou dons do Espírito Santo. Estes dons são manifestações, funções (Romanos 12:4) ou capacidades espirituais. Todos somos membros do Corpo de Cristo e a manifestação do Espírito é concedida a ________ ________________.

229. (Cada um) Vamos agora olhar as listas dos dons do Espírito. Leia Romanos 12:3-8. Já leu? Achamos que a melhor maneira, seria alistar os dons e dar uma pequena explicação de cada um. Em versículo 6 Paulo escreveu, "tendo, porém, diferentes dons segundo a graça que nos foi dada: se profecia, seja segundo a proporção da fé;" Este é o dom de profetizar (Veja I Coríntios 14:3) ou pregar a mensagem de Deus. É a pregação da verdade que é revelada no poder e demonstração do Espírito, e deve ser acompanhada com a fé que temos. O primeiro dom aqui é de ________________ ou ______________________________.

230. (Profecia ou profetizar, pregar) Em versículo 7 lemos, "se ministério, dediquemo-nos ao ministério". Em outras traduções temos as palavras "para servir", "prestar serviço" e "então sirvam bem". Agora o ministério pode ser espiritual ou material. Sem dúvida alguns vão dizer que este é o "ministério" no sentido profissional, mas no contexto dos dons não tem este sentido. Se é material, o serviço é efetuado sob a direção do Espírito Santo. (Para ver o espírito de ministério na vida de Jesus veja Marcos 10:45). O segundo dom aqui é o ______________________________.

231. (Ministério) Sim. O ministério de servir aos outros é do Espírito Santo. O terceiro achamos também em versículo 7, "o que ensina, esmere-se no fazê-lo". Este é o dom de ensinar a Palavra de Deus, o ensino das cousas do Espírito com a sabedoria e sob

a luz que o Espírito dá. Se alguém tem este dom deve dedicar-se (esmere-se) no fazê-lo. Este dom de ______________________ é muito importante na igreja.

232. (Ensinar) Em versículo 8 temos número quatro dos dons nesta passagem, "o que exorta, faça-o com dedicação". Este é o dom de paracleto ou animar os outros. É um dom muito necessário e delicado. Dar conselhos, consolação e até repreenção tem que ser inspirado pelo Espírito Santo, manifestando o amor puro e a sabedoria de Cristo. Sim você, irmão, que tem este dom, "faça-o com dedicação". O dom de dar conselhos, etc. é o dom de __________________________________.

233. (Exortar) O próximo com (número 5) é "o que contribui, com liberalidade" ou generosidade. Outro pensamento é, "Quem reparte com os outros o que tem". Este é o dom de dar. Todo crente tem o dever de dar sob a direção do Espírito. Pode ser que alguns têm mais que outros o dom especial de contribuir com liberalidade. Este é o dom de ____.

234. (Dar ou contribuir) Outro dom em versículo 8 é "o que preside, com diligência", cuidado ou seriedade. Outras palavras que nos ajudam a compreender este dom são, governar, ter autoridade ou capacidade administrativa, isto é presidindo ou governando sob o controle e direção do Espírito. Quão necessário são estes dons! Muito importante é o dom de _____________________ ou __________________.

235. (Presidir ou governar) Outro com aqui é, "quem exerce misericórdia com alegria". Este dom mostra atos de amor, consolar os entristecidos e ajudar os outros, manifestando o amor de Cristo pelo Espírito. Quantas vezes tentamos fazer estas cousas por dever e não"com alegria". Que dom precioso é o dom ou manifestação de _______.

236. (Misericórdia) Bem, aqui em Romanos observamos sete dons. Agora vamos para I Coríntios 12:7-11. Já temos visto que cada crente tem dom e é sua obrigação exercer seu dom. Em versículo 8 lemos, "Porque a um é dada, mediante o Espírito, a palavra da sabedoria; e ao outro, segundo o mesmo Espírito, a palavra do conhecimento", aqui temos dois dons, vamos considerar o primeiro, este é a mensagem de sabedoria dada pelo Espírito. É clareza na declaração de verdades espirituais reveladas". (Hay) Parece que não há muitos que tem o dom da ____________________ ____________________________.

237. (Palavra sabedoria) O outro dom aqui é "palavra do conhecimento". Um pensamento aqui é, que é a pessoa que é apta para estudar e ensinar. Alex. R. Hay diz que é a "aplicação da verdade espiritual às experiência práticas na vida sob a inspiração do Espírtio". Então, há diferença dos dois, parece que o primeiro é a declaração da verdade e o outro é a aplicação da verdade. Os dois têm que ser bem ligados ao dom de ensinar. Este dom é a ______________________ do ______________________.

238. (Palavra, conhecimento) Em versículo 9 lemos, "a outro, no mesmo Espírtio, fé; e a outro, no mesmo Espírito, dons de curar". Vamos considerar o dom da fé: Este não é a fé salvadora que todos os verdadeiros crentes possuem e que recebem de Deus. (Efésios 2:8,9)Esta é uma fé especial dada pelo Espírito conforme a Palavra de Deus e sua vontade. Um exemplo na vida atual seria a fé de Jorge Mueller da Inglaterra ou de Hudson Taylor, missionário à China, mas sem dúvida há muitos outros que têm este dom. No corpo de Cristo há necessidade de que todos os dons se manifestem incluindo o dom da _______________.

239. (Fé) O outro dom em versículo 9 é "dons de curar" os doentes. Nós sabemos que "Deus usa doenças e curas no seu plano para o bem espiritual do crente" (Kaller). E este dom de curas é efetuado pelo poder de Deus em resposta a fé segundo sua vontade. A ordem bíblica quanto a doença, se acha em Tiago 5:14, "Está alguém entre vós doente? Chame os presbíteros da igreja . . .". Importante na igreja é "o ____________________ de ___________________________".

240. (Dom, curar) Agora em versículo 10 achamos mais cinco dons! Lemos, "a outro, operações de milagres; a outro, profecia (já considerado); a outro, discernimento de espírito; a uma, variedade de línguas; e a outro, capacidade para interpretá-las". Milagres! Na igreja primitiva houve muitos milagres feitos pelos apóstolos. É a "intervenção direta do poder Divino em resposta a fé que é dada pelo Espírito Santo para o que é de acordo à vontade de Deus." (Hay) Sem dúvida a necessidade deste dom depende muito nas condições da sociedade e no plano e nos propósitos de Deus. O primeiro dom neste versículo é ____________________________ de ______________________________________.

241.(Operações, milagres) Outro dom a considerar é "discernimento de espíritos" ou a capacidade de saber a diferença entre os dons que vem do Espírito, e os que não vêm, é discernir se são espíritos maus ou o Espírito de Deus. Um dom que parece muito necessário em nossos dias é o dom de ______________________________ de ____________________________________.

242. (Discernimento, espíritos) Os outros dois dons que temos que considerar tratam da questão de línguas. (Veja número 2 das Perguntas e Referências) O primeiro é

"variedade de línguas" ou línguas estranhas. Estes são idiomas vivos como foram expressados no dia de Pentecostes como sinal aos descrentes. Tem propósito de levar a mensagem de Deus. No dia de Pentecostes foram línguas conhecidas. Não há evidência nenhuma de línguas "extáticas". O dom em muita evidência no dia de Pentecostes foi ______________________________ de ____________________.

243. (Variedade, línguas) O dom que acompanha "varidade de línguas" é "capacidade para interpretá-las". Agora na interpretação não é necessário que o intérprete não saiba o idioma ou língua pronunciada. Uma aplicação presente se expressa nestas palavras de Alex. R. Hay, "Guia dado pelo Espírito para a interpretação ou tradução da Palavra de Deus, seja em forma escrita ou falada, de um idioma a outro". (Veja item 3 das Perguntas e Referências) O dom que acompanha variedade de línguas é

_________________________________ _________ _________________________

I Coríntios 14 nos ensina em detalhe como usar estes dons. (Veja número 2 das Perguntas).

244. (Capacidade para interpretá-las) Nesta lista em Coríntios há nove dons mencionados. (Veja também I Pedro 4:8-11) Um é repetido em Romanos, o de profecia. Tomando as duas listas há quinze dons ou manifestações do Espírito. Paulo nos ensinou que há pelo menos ______________________ dons para serem usados.

245. (Quinze) Mas qual é o fim ou propósito dos dons? Paulo nos ensina que são "visando um fim proveitoso" ou para o bem de todos. Também usa a palavra "edificação". Os dons são para o <u>proveito</u>, o <u>bem</u>, a <u>edificação</u> de cada crente e o crescimento da igreja. ("para que a igreja receba edificação"). Olhe esta palavra

boa em I Coríntios 14:12, "Assim também vós, visto que desejais dons espirituais, procurai progredir, para a edificação da igreja." Sim. O propósito dos dons é o

_______________, o __________, e a ______________

da igreja.

246. (Proveito, bem, edificação) Na igreja de Cristo todos os membros são __________ com privilégios e responsabilidades. (Veja item 217).

247. (Sacerdotes) Na igreja, o corpo de Cristo, há muitos ______________.

248. (Membros) Para o melhor funcionamento da igreja Deus deu ________ ou

_______________, _______________

ou _______________ do Espírito Santo.(Veja itens 221 e 222)

249. (Dons, manifestações, ministérios, capacidades) Nas suas próprias palavras, por que Deus nos deu os dons do Espírito? _______________

____

____

____

_______________.

250. (Para que a igreja funcione melhor ou para o proveito, o bem, e a edificação da igreja ou para o bem-estar da igreja e seu crescimento ou palavras semelhantes.)

Sugestões e Plano de aula para o Estudo em Grupo

Lição 9: Os Dons ou Manifestações do Espírito

Plano:

1. Verificar se os alunos já estudaram a lição ou reservar tempo para o estudo.
2. Ler passagens bíblicas relacionando-as com o assunto.
3. Usar as seguintes perguntas ou referências para motivar a troca de idéias.

Perguntas e Referências:

1. Do item 223. Para estudar mais sobre estes ministérios veja o livro programado: Doutrina da Igreja, pp. 42-58 (itens 270-359) do Instituto Bíblico Mineiro.
2. Do item 242. Para estudar uma boa consideração das línguas veja o livro auto-didático Análise da Renovação Pentecostal, Lição 5, pp. 25-34 por Donald W. Kaller, CEIBEL.
3. Para ver uma explicação gráfica bem proveitosa veja "Gráfico dos Dons do Espírito e Suas Falsificações" por Alexandre R. Hay na revista O Noticiário Evangélico de outubro de 1976.
4. Quais são os ministérios básicos e qual sua importância na igreja?
5. Quais são os dons do Espírito? Qual é seu dom ou dons?
6. Qual é o propósito dos dons?

LIÇÃO 10 **OS OFICIAIS OU POSIÇÕES NA CONGREGAÇÃO LOCAL: ANCIÃOS (PRESBÍTEROS, BISPOS, PASTORES) E DIÁCONOS**

Ao terminar esta lição você deverá ser capaz de:

-- Dizer os dois oficiais na igreja local.

-- Dar os outros nomes para presbítero.

-- Explicar algo da pluralidade de presbíteros e diáconos.

-- Verificar o ministério do diácono.

251. Temos estudado sobre os membros do corpo de Cristo, os membros da igreja local, e o fato de que cada membro tem um dom ou dons que deve ser usado para a edificação do corpo. Na organização da igreja local a Bíblia também nos ensina que há "oficiais"; os dois oficiais na igreja local são o presbítero e o diácono. Vamos agora estudar sobre os ______________________________ da igreja.

252. (Oficiais) No governo da igreja local há dois postos ou posições: os ____________ e os ____________________________________.

253. (Presbíteros, diáconos) Vamos considerar primeiramente os presbíteros. Há três outras palavras achadas no Novo Testamento: ancião, bispo, pastor. São quatro pessoas diferentes? Só para identificar estes nomes vamos notar os versículos em Atos 20:17 e 28, "De Mileto mandou a Éfeso chamar os presbíteros da igreja . . . (os anciãos – Bíblia Revista e Corrigida) . . . Atendei por vós e por todo o rebanho sobre o qual o Espírito Santo vos constituiu bispos, para pastoreardes a igreja de

Deus, a qual ele comprou com o seu próprio sangue". Os quatro nomes citados encima são: ______________________, ______________________, ______________________ e ______________________.

254. (Presbíteros, anciãos, bispos, pastores) No contexto e em outras passagens bíblicas parece bem estabelecido que estes quatro nomes significam uma só pessoa. Os quatro nomes: presbíteros, anciãos, bispos, pastores significam uma só __________.

255. (Pessoa) Sim. Há toda evidência que estes não são quatro pessoas diferentes ou posições diferentes. Mais indicam que são diferentes funções ou responsabilidades da mesma posição ou posto. Os primeiros dois nomes são ______________________ e ______________________.

256. (Presbítero, ancião) Parece que estes nomes indicam o posto ou posição no ministério da pessoa. A pessoa é ______________________ ou ______________________.

257. (Presbítero, ancião) Sim, a pessoa é presbítero ou ancião. Agora seu ministério ou responsabilidade é como bispo (supervisor, vigia e pastor que guia e cuida o rebanho). O ministério ou dever do presbítero é como ______________________ e ______________________. (Nota: As palavras "constituiu bispos, para" podem parecer com "posto com fim de".)

258. (Bispo, pastor) Enquanto estamos aqui no versículo 28, vamos notar duas cousas preciosas e importantes. O versículo diz, "Atendei por vós e por todo o rebanho sobre o qual o Espírito Santo vos constituiu bispos". Quem constituiu ou separou estes homens para suas posições de responsabilidade foi o__________ __________.

259. (Espírito Santo) Sim, quão importante é este conceito! É o Espírito Santo que prepara e chama os homens para seu ministério. A escolha é dEle e não dos homens, ainda que os outros crentes (a igreja) possam reconhecer a chamada e a preparação. Vamos lembrar que a chamada verdadeira para ser presbítero é do ____________ ________________________.

260. (Espírito Santo) É verdade. O Espírito Santo é soberano em escolher os seus oficiais no corpo de Cristo. Uma outra cousa aqui são as palavras, ". . . a igreja de Deus, a qual ele comprou com o seu próprio sangue". Aqui temos o valor da igreja aos olhos de Deus. Ele comprou o seu povo com preço altíssimo – o seu ______________ ________________________.

261. (Próprio, sangue) Que maravilha! Deus nos comprou com seu próprio sangue! Como devemos sentir muita gratidão. Que responsabilidade têm os líderes da igreja! Deus ama a igreja (seu povo) porque a comprou com o _______ próprio __________.

262. (Seu, sangue) Agora em versículo 17 já notamos ". . . mandou . . . chamar <u>os presbíteros</u> da igreja". "Presbíteros" está no <u>plural</u> (mais que um). Vamos estudar o conceito da pluralidade dos presbíteros (anciãos, bispos, pastores). Leia Filipenses 1:1, "Paulo e Timóteo, servos de Cristo Jesus, a todos os santos em Cristo Jesus, inclusive <u>bispos</u> e <u>diáconos</u>, que vivem em Filipos". As palavras sublinhadas são: (assinale uma).

A. _________ no singular.

B. _________ no plural.

263. (B) Sim. São no plural que significa que houve mais que um bispo e diácono. Em Atos 14:23 lemos, "E, promovendo-lhes em cada igreja a eleição de presbíteros". A palavra sublinhada está (assinale uma):

A. __________ no plural.

B. __________ no singular.

264. (A) Leia Tito 1:5, "Por esta causa te deixei em Creta para que pusesses em ordem as cousas restantes, bem como, em cada cidade, constituísses presbíteros . . .". A palavra sublinhada está (assinale uma):

A. __________ no singular.

B. __________ no plural.

265. (B) Sim. No plural. Não há evidência nenhuma no Novo Testamento de ter só um presbítero (ancião, bispo, pastor) sobre uma igreja local. Houve sempre uma pluralidade. É a ordem bíblica! E sem dúvida há muitas razões para issso! Na sabedoria de Deus há uma proteção contra muitos abusos que podem surgir em ter só uma pessoa com autoridade na congregação. Houve na igreja local sempre uma _______ ____________________________ de presbíteros ou diáconos.

266. (Pluralidade) Na organização da igreja local há duas posições: os ______________ e os ________________________________.

267. (Presbíteros, diáconos) Os outros nomes usados para os presbíteros são: _________, _________________________, ___________________________.

268. (Anciãos, bispos, pastores) Houve sempre uma pluralidade de pastores na igreja

local. Vamos agora considerar a segunda posição na igreja, a do ____________.

269. (Diácono) Já temos visto que na igreja local houve pluralidade de diáconos. Comumente se diz que o ministério do presbítero é espiritual e o do diácono é material. Se tira esta distinção de Atos 6:2 e 4 nas seguintes palavras, "Não é razoável que nós abandonemos a palavra de Deus para servir às mesas . . . e, quanto a nós, nos consagraremos à oração e ao ministério da palavra". Vamos agora considerar o ministério do ______________________.

270. (Diácono) Vamos ler a passagem em Atos 6:1-7. Já leu? Que porção linda! Qual o título na sua Bíblia para este trecho? A ________________ dos __________.

271. (Instituição, diáconos) Agora, o problema é que a palavra "diácono" não aparece no texto! Ainda que a palavra "diácono" não apareca no trecho (e alguns, por isso, dizem que não trata da questão de diáconos) os editores de nossas Bíblias titularam o trecho a ___________________________ dos ____________________.

272. (Instituição, diáconos) Uma outra cousa está certo, os homens escolhidos tiveram um ministério, uma responsabilidade diferente que o dos apóstolos. Este ministério era "servir às mesas" que incluiu a "distribuição diária". Estas palavras parecem tratar mais com cousas ______________________________.

273. (Materiais) Este pensamento concorda com os requisitos do bispo e diácono em I Timóteo 3 que diz que o bispo tem que ser "apto para ensinar" mas não tem este requisito para o diácono. Os sete homens em Atos 6 foram escolhidos para "______ às mesas".

274. (Servir) Sim. Foram escolhidos para livrar os apóstolos de tarefas seculares ou materiais. Claro, este não quer dizer que os diáconos não tenham que ser homens espirituais, leia de novo as palavras de Atos 6:3, "... escolhei dentre vós sete homens de boa reputação, cheios do Espírito e de sabedoria ...". Quais são as qualidades necessárias?

1. ______________ ________________________________

2. ________________________ do _____________________________

3. ____

275. (1. boa reputação 2. cheios de Espírito 3. sabedoria) Muito bem! Os diáconos têm que ser homens espirituais para exercer um ministério ______________________.

276. (Material) Há muitas outras cousas importantes para considerar quanto aos presbíteros e diáconos como: As qualificações dos bispos e dos diáconos, (I Timóteo 3:1-13; Tito 1:5-9), os detalhes e exemplos de seu ministério, a nomeação dos presbíteros e diáconos, mas nosso estudo é limitado a esta breve consideração. Nosso estudo nesta lição é sobre os ________________________________ da igreja.

277. (Oficiais) Os dois oficiais (postos ou posições) são: os ______________________ e os _________________________________.

278. (Presbíteros, diáconos) Os três outros nomes usados para o presbítero são:

______________________, ______________________, ______________________.

279. (Ancião, bispo, pastor) Sempre houve uma ______________________________de presbíteros na igreja local (Veja itens 264 e 265).

280. (Pluralidade) Estes homens foram escolhidos pelo _______________ __________.

281. (Espírito Santo) Parece que o serviço do diácono é um ministério ______________ de homens espirituais.

282. (Material).

Sugestões e Plano de aula para o Estudo em Grupo

Lição 10: Os Oficiais da Congregação Local: Anciões (presbíteros, bispos, pastores) e Diáconos

Plano:

1. Verificar se os alunos já estudaram a lição ou reservar tempo para o estudo.
2. Ler passagens bíblicas relacionando-as com o assunto.
3. Usar as seguintes perguntas ou referências para motivar a troca de idéias.

Perguntas e Referências:

1. Veja o estudo Doutrina da Igreja por William M. McMillan do Instituto Bíblico Mineiro. Presbítero – pp.53-55, (itens 334-344); Diáconos – pp. 58-59. (itens 360-372)
2. Qual o significado dos quatro nomes dados para o presbítero?
3. Qual a importância da pluralidade dos presbíteros e diáconos?
4. Quais são as qualificações dos presbíteros e diáconos segundo I Timóteo 3:1-13 e Tito 1:5-9?
5. O que você acha? Timóteo e Tito são pastores de igrejas locais ou missionários (evangelistas ou plantadores de igrejas) – colegas do Apóstolo Paulo?

LIÇÃO 11 DISCIPLINA OU SEPARAÇÃO NA IGREJA LOCAL

Ao terminar esta lição você deverá ser capaz de:

-- Explicar o ensino de Jesus em Mateus 18:15-20.

-- Dar a razão pela qual a igreja deve separar-se do culpado.

-- Usar melhor sua responsabilidade em ajudar o irmão errado.

283. Para manter a saúde do corpo humano, há necessidade de alimentar-se e cuidar para que as doenças não destruam a saúde. É assim também no corpo de Cristo, a igreja local, há necessidades de manter saúde espiritual e ser alertos quanto aos perigos que há. Em I Pedro 2:5 lemos, "também vós mesmos, como pedras que vivem, sois edificados casa espiritual para serdes sacerdócio santo . . .". Esta casa é uma casa ______________________________.

284. (Espiritual) Sim. É uma casa espiritual. É também um sacerdócio ____________.

285. (Santo) Para manter o nível espiritual e a santidade, a igreja local precisa cuidar dos membros evitando o pecado. O que destroi o testemunho da igreja local é o ______.

286. (Pecado) Sim. A doença que destroi a vida vital é o pecado. Às vezes há irmãos, membros da congregação, que persistem nos seus pecados. Que deve fazer a congregação? O assunto desta lição é a ____________________________ ou a _____ ____________________________ na igreja local.

287. (Disciplina, separação) Vamos voltar ao ensino do Senhor Jesus em Mateus 18:15-20. O título deste parágrafo na sua Bíblia é "_____________ se deve _________________ a um ____________________ ___________________".

288. (Como, tratar, irmão culpado) Já temos estudado esta passagem de vários pontos de vista. Mas agora vamos tocar o assunto mesmo do parágrafo: "Como se ______ _________________ a um ____________________ ______________________".

289. (Deve, tratar, irmão culpado) Sim. Se trata da questão de _________________ ou ______________________________ do irmão em pecado.

290. (Disciplina, separação) Comumente nós falamos do direito da igreja de "disciplinar" seus membros e possívelmente está certo dependendo da definição usada, por exemplo: "corrigir defeitos de caráter, ter boa ordem, impor disciplina a"; mas não no sentido de jogar fora, eliminar do corpo, ou castigar. Realmente só Deus tem este direito de castigar os seus filhos. (Veja Hebreus 12:4-13) Nós vamos usar "disciplina" no sentido de "separação" porque só Deus tem direito de _________________ seus filhos.

291. (Castigar) Sim. Deus no seu amor nos disciplina. Agora vamos considerar o caso em Mateus 18, versículo 15, "Se teu irmão pecar (contra ti), vai argüi-lo entre te e ele só. Se ele te ouvir, ganhaste a teu irmão". Primeiramente uma nota: As palavras "contra ti" não estão nos mais antigos manuscritos. Então pode ler: "Se teu irmão pecar . . .". Agora notamos logo a responsabilidade de cada crente individual! Se um irmão na congregação, um membro do corpo de Cristo, está vivendo em pecado e o

irmão inocente sabe disso, é sua responsabilidade ir com amor e humildade falar com o irmão errado. Enquanto há pecado na congregação cada ________________ ______________________________________ tem uma responsabilidade.

292. (Crente individual) Sim. O crente tem uma responsabilidade; "vai argüi-lo (corrige-o, repreende-o) entre ti e ele só". Notamos também que neste princípio o assunto entre duas pessoas é particularmente. Não é falar do irmão errado atrás das costas, mas falar com o irmão "face a face". É falar com o irmão ________________.

293. (Particularmente) Para fazer este ministério exige na vida do crente amor, coragem, e obediência. E o resultado positivo: "Se ele te ouvir, ganhaste a teu irmão". Se o irmão em pecado se arrepende e deixa o seu pecado, bom – terminou o asssunto! Graças a Deus! Houve uma vitória! Os dois irmãos são um em Cristo. Se o irmão errado se arrepende a Palavra diz, "________________ a teu ____________".

294. (Ganhaste, irmão) Que alegria! Houve um problema mas resolveu-se! Claro! O desejo de todos os crentes espirituais é ver o resultado positivo. Agora, nossa natureza humana é muito rebelde e egoísta. Por isso é difícil ser corrigido por outros. Versículo 16 começa, "Se, porém, não te ouvir". O que fazer se o crente inocente não pode ganhar o seu irmão? O irmão errado persiste no seu pecado! Que fazer quando o resultado não é positivo mas ______________________________?

295. (Negativo) Segue o versículo, ". . . toma ainda contigo uma ou duas pessoas, para que, pelo depoimento de duas ou três testemunhas, toda palavra se estabeleça". Este conceito é do Velho Testamento. (Veja Deuteronômio 19:15). Se o irmão inocente

não tem êxito no seu desejo de ajudar o irmão em pecado, ele deve tomar ________ ou ______________ ______________________ com ele para tratar o assunto.

296. (Uma, duas pessoas) Acertou? Sim. O irmão que sabe do pecado na vida de outro tem uma ____.

297. (Responsabilidade) Se ele não tem êxito sozinho em tratar com o irmão culpado então deve levar com ele um ou dois membros espirituais para falar de novo com o irmão. Não tem dúvida! Duas ou três pessoas tem mais voz que só uma. A palavra diz, "para que, pelo depoimento de duas ou três testemunhas, _________________ ______________________________ se ___________________________________".

298. (Toda palavra, estabeleça) Agora se o culpado se arrepende (confessando a Deus e à pessoa contra quem tem pecado) terminou a questão. Mas se não arrepende? Leia o versículo 17, "E, se ele não os atender, dize-o à igreja . . .". Se o irmão culpado ainda não quer ouvir os dois ou três deve levar a questão para a _______________.

299. (Igreja) Que lástima! É triste! Mas quando um irmão não quer deixar seu pecado, a igreja (os membros reunidos) precisam agir, chamando à atenção da pessoa, chamando a pessoa à uma reunião dos membros (a reunião de oração!), e se o irmão corrige sua vida, ótimo! Terminou o ____________________________.

300. (Assunto) Notamos em tudo isto o amor e a paciência de Deus. Estas palavras são o ensino de __________________________________.

301. (Jesus) Mas que fazer se este irmão em pecado não quer escutar a igreja? A última

parte do versículo 17 diz, "se recusar ouvir também a igreja, considera-o como gentio e publicano", ou como um ______________________________.

302. (Descrente ou incrédulo) A igreja tem que separar-se dele como se fosse uma pessoa não convertida. Está separada da comunhão da igreja. (Não diz das reuniões da igreja!) Tem que tratar com ele como um ______________________ e um ______________________________.

303. (Gentio, publicano) E como foram tratados os gentios e publicanos pelos judeus? Possívelmente foram maltratados! Mas como devem os crentes tratar o descrente? Com o amor de Deus para ganhá-lo para Cristo, sem aceitar seu pecado. Em breve temos estudado o ensino importante do Senhor Jesus sobre "como se ________ ________________ a um ______________ ______________".

304. (Deve tratar, irmão culpado) Esta passagem é muito importante e nos ensina os passsos que se deve tomar para tratar com o irmão culpado. Terminamos esta passagem com as palavras de Alexandre R. Hay, ". . . o Senhor está falando de um caso no qual o que tem pecado não se arrependeu e não quer tratar o mal que tem feito, se ele o houvesse feito, o assunto teria terminado. Mas como não quer fazê-lo e como o assunto não pode deixar-se nessa condição porque o pecado na congregação afeta sua comunhão com o Senhor que está no meio . . ." Mateus 18:15-20 é o ensino do Senhor ______________________.

305. (Jesus) Agora vamos considerar outras passagens importantes sobre a questão de disciplina ou separação. Leia I Coríntios 5:1-13. Já leu? Aqui é um caso de imora-

lidade, há muito ensino nesta passagem! Vamos apenas considerar os princípios básicos e deixar os pormenores. Nesta passagem há um caso flagrante de _________.

306. (Imoralidade) Sim. É o caso dum irmão na igreja vivendo em imoralidade e a igreja não está fazendo nada! Paulo escreveu, "... Há entre vós imoralidade ...", e pergunta, "não chegastes a lamentar, para que fôsse tirado do vosso meio quem tamanho ultraje praticou?" A igreja deve agir! São palavras fortes, "para que fôsse _________________________ do vosso meio". (vs.7, "lançai fora")

307. (Tirado) Mas, quem tem a reponsabilidade? Versículo 4 diz, "em nome do Senhor Jesus, reunidos vós ...". Quem tem a responsabilidade é a ___________________.

308. (Igreja) Sim. A congregação tem a responsabilidade. Este é um caso conhecido por todos e o irmão não quer arrepender-se e deixar seu pecado. (Veja Provérbios 28:13) Quem tem responsabilidade de agir é a própria ___________________________.

309. (Igreja ou congregação) O que deve fazer a congregação e os crentes individuais? Versículo 11, "... não vos associeis com alguém que, dizendo-se irmão, for impuro ... com esse tal nem ainda comais". A congregação e o irmão individual tem que ____ do irmão em pecado.

310. (Separar-se) É mesmo a responsabilidade da congregação e o irmão individual de separar-se do irmão vivendo em pecado. Vamos a outro caso. Leia II Tessalonicenses 3:6-15. Em versículo 6,7 e11 se repete a palavra _______________________.

311. (Desordenadamente) Sim. Temos aqui o caso do irmão que anda em desordem. Sem

dúvida a palavra "desordenadamente" tem muitas aplicações. O problema neste trecho é o irmão que anda ______________________ ____________________.

312. (desordenadamente) Mas qual a desordem aqui no contexto? Versículo 11 diz, "Pois, de fato, estamos informados de que entre vós há pessoas que andam desordenadamente, não trabalhando; antes se intrometem na vida alheia". São pessoas que não querem ____.

313. (Trabalhar) São preguiçosos e "se intrometem na vida alheia". O que deve fazer a igreja? Versículo 6 diz, ". . . aparteis de todo irmão que ande desordenadamente . . . ". E versículo 14, ". . . nem vos associeis com ele . . .". A congregação tem que

____.

314. (Separar-se) E por que a separação ou a disciplina? ". . . para que fique envergonhado". Lembra-se que o propósito da separação é para que o irmão ____________ e volte para a comunhão com o Senhor.

315. (Arrependa-se) Versículo 15 é uma boa advertência e exortação, ". . . não o considereis por inimigo, mas adverti-o como irmão". Está bem! Vamos considerar só mais um caso. Em Tito 3:10,11 lemos, "Evita o homem faccioso, (herege), depois de admoestá-lo primeira e segunda vez, pois sabes que tal pessoa está pervertida e vive pecando, e por si mesma está condenada". Este caso é do irmão que persiste em falsa doutrina. Paulo diz em versículo 10, "____________________ o homem faccioso . . .".

316. (Evite) Sim. No caso de falsa doutrina deve tentar corrigir seu erro ("admoestá-lo") mas se não há uma mudança tem que ________________________________.

317. (Separar-se) Para terminar esta lição vamos apenas citar dois versículos relacionados com o assunto. Romanos 15:1, "Ora, nós que somos fortes, devemos suportar as debilidades dos fracos, e não agradar-nos a nós mesmos". E Gálatas 6:1, "Irmãos, se alguém for surpreendido nalguma falta, vós, que sois espirituais, corrigi-o, com o espírito de brandura; e guarda-te para que não sejas também tentado". Quem tem muita responsabilidade são os ________________ e os ____________________.

318. (Fortes, espirituais) O Senhor Jesus nos ensina em Mateus 18:15-20 a questão "Como se ________________ __________________ a um ________________ ________________________________".

319. (Deve tratar, irmão culpado) Depois de tomar todas as providências para ajudar o irmão arrepender-se do seu pecado, se ele não se arrepende a igreja tem que ___________________________________ dele.

320. (Separar-se).

Sugestões e Plano de aula para o Estudo em Grupo

Lição 11: Disciplina ou Separação na Igreja Local

Plano:

1. Verificar se os alunos já estudaram a lição ou reservar tempo para o estudo.
2. Ler passagens bíblicas relacionando-as com o assunto.
3. Usar as seguintes perguntas ou referências para motivar a troca de idéias.

Perguntas e Referências:

1. Como se deve tratar o irmão em pecado que não quer arrepender-se?
2. Os alunos podem discutir um por um os casos de disciplina mencionados na lição.
3. O aluno deve ler com cuidado toda a passagem de I Coríntios 5:1-13 e notar a seriedade destes pecados mencionados e a atitude forte do Apóstolo Paulo: Versículo 5, "entregue a Satanás" e versículo 13, "expulsai".
4. Em nossos dias se pratica a disciplina como deve ser praticada?

LIÇÃO 12 A MISSÃO PRINCIPAL DA IGREJA DO NOVO TESTAMENTO -- SEU PRÓPRIO CRESCIMENTO

Ao terminar esta lição você deverá ser capaz de:

-- Dar a missão principal da igreja.

-- Explicar o que significa a Grande Comissão.

-- Incluir palavras que são expressões da Grande Comissão.

-- Notar as frases que expressam a vontade de Deus na sua vida.

321. Bom! Temos estudado vários aspectos da igreja, o corpo de Cristo, especialmente no seu aspecto local. Temos considerado algo da sua vida vital. Mas agora! Qual o propósito ou função desta igreja, este corpo, no mundo? Nossa consideração será a ________________________________ da igreja.

322. (Missão) Para compreender melhor a missão da igreja nós vamos usar a Grande Comissão como uma expressão da vontade de Deus para a igreja. A missão da igreja se expressa na __________________________ ______________________________.

323. (Grande Comissão) A Grande Comissão são palavras de __________ __________.

324. (Jesus Cristo) As passagens principais são: Mateus 28:18-20; Marcos 16:15,16; Lucas 24:47; João 20:21 e Atos 1:8. Estas passagens nos falam da _____________ ______________________________________.

325. (Grande Comissão) Vamos só notar que em Marcos temos as palavras, "Ide . . . e pregai"; em Lucas, "pregasse"; em João, ". . . eu também vos envio"; e em Atos, "sereis minhas testemunhas". Estas palavras expressam a ________________

____________________________________.

326. (Grande Comissão) Vamos usar Mateus 28:19,20 como a base de nosso estudo: "Ide, portanto, fazei discípulos de todas as nações, batizando-os em nome do Pai e do Filho e do Espírito Santo; ensinando-os a guardar todas as cousas que vos tenho ordenado . . .". (Para nosso estudo agora não vamos considerar a autoridade de Jesus em vs. 18 nem a promessa final em vs. 20.) As palavras sublinhadas são:

______, __________ ____________________, ______________________;

____________________________________.

327. (Ide, fazei discípulos, batizando-os, ensinando-os) Estas palavras são palavras de

__________________________ __________________________.

328. (Jesus Cristo) Sim. Umas expressões da missão da igreja são: sereis minhas testemunhas, ide, pregai, fazei discípulos, batizando-os, ensinando-os. São expressões da

________________________ ________________________________.

329. (Grande Comissão) Agora aqui em Mateus há quatro verbos que mostram ação: ide, fazei discípulos, batizando-os, ensinando-os. Em nossa Bíblia em português os primeiros dois são no imperativo do verbo que expressa mandamentos, (Veja número 1 das perguntas) e os outros dois são particípios (forma de gerúndios) que expressam ação continuando. Nestes versículos três meios de cumprir a vontade de Deus (há

outros) são: ir, batizar, ensinar. Estas atividades são ____________ de cumprir o ide.

330. (Meios) Agora, qual o alvo ou o fim ou o propósito? Fazer discípulos!! O alvo ou o propósito da Grande Comissão é ________________ ___________________.

331. (Fazer discípulos) Sim, a missão da igreja no mundo é ir, pregar o evangelho, fazer discípulos, batizá-los e ensiná-los. O objeto é sempre fazer mais ______________.

332. (Discípulos) O alvo evangélico da igreja é ______________ ________________.

333. (Fazer discípulos) Um discípulo é um crente ou um cristão, um nascido de novo pelo Espírito Santo, um verdadeiro filho de Deus (João 1:12,13; 3:5-7; Atos 11:26; Romanos 10:9). A vontade de Deus é que nós (como igreja de Cristo) __________ ______________________________.

334. (Façamos discípulos) A vontade de Deus é o crescimento da sua verdadeira igreja (em quantidade e qualidade). Sim, a vontade de Deus é o ___________________ da igreja.

335. (Crescimento) A missão principal da igreja é ir e __________ ______________.

336. (Fazer discípulos) Agora nestes versículos há uma espécie de movimento circular que vai assim: ide, (pregai), fazei discípulos, batizando-os, ensinando-os a guardar todas as cousas para que possam ir, (pregar), fazer discípulos, batizar, ensinar, para que possam . . . A missão da igreja pode considerar-se como espécie de ________ ________________________. (II Timóteo 2:2)

337. (Movimento circular) Agora, nosso problema muitas vezes é que paramos o círculo com atividades necessárias e importantes e perdemos a visão da vontade de Deus na Grande Comissão em fazer ______________________________.

338. (Discípulos) A missão principal da igreja se expressa na ______________________________.

339. (Grande Comissão) Sim, devemos pregar a todo o mundo que Cristo salva o pecador. (Há também outras missões da igreja. Veja número 2 das Referências.) Para terminar nosso estudo vamos lembrar que Deus tem um propósito glorioso na vida do crente individual enquanto ele está obedecendo sua Palavra e tomando parte em todas as atividades da sua igreja. Notemos quatro expressões das cartas do Apóstolo Paulo:

"... para serem conformes a imagem de seu Filho ..." (Romanos 8:29).

"... somos transformados de glória em glória, na sua própria imagem, ..." (II Coríntios 3:18).

"... Cristo em vós, a esperança da glória" (Colossenses 1:27).

"... a fim de que apresentemos todo homem perfeito em Cristo" (Col. 1:28).

A vontade de Deus na sua vida é a ______________ de seu __________, que seja ______________________ em ______________________.

340. (Imagem, Filho, perfeito, Cristo) Que este estudo seja um meio destes propósitos na sua vida!

Sugestões e Plano de aula para o Estudo em Grupo

Lição 12: A Missão Principal da Igreja do Novo Testamento

Plano:

1. Verificar se os alunos já estudaram a lição ou reservar tempo para o estudo.
2. Ler passagens bíblicas relacionando-as com o assunto.
3. Usar as seguintes perguntas ou referências para motivar a troca de idéias.

Perguntas e Referências:

1. Quanto a palavra "Ide". No grego é também um particípio, quer dizer, "Indo".
2. No livro A Doutrina da Igreja por José Martins, CEIBEL, nas lições 8, 9, 10 e 11 tem as missões profética, sacerdotal e real da igreja.
3. O que é a Grande Comissão?
4. Quais são as passagens principais que expressam a missão da igreja?
5. Estudar um dicionário bíblico a palavra "discípulo".
6. O que é a vontade de Deus na sua vida?

APENDICES:

1. **Provas:**

   Prova 1, Lições 1-6

   Prova 2, Lições 7-9

   Prova 3, Lições 10-12

   Respostas das Provas Finais

2. **Gráfico dos dons do Espírito e suas falsificações.**

3. **Bibliografia**

A Igreja Do Novo Testamento

Prova #1 **Lições 1 a 6**

1. A igreja pertence a ____________ ____________.

2. A definição mais simples da igreja local é: "__________ ou __________ ____________ em __________ __________."

3. A igreja local é uma parte da ____________ ____________.

4. A igreja começou no __________ de ____________.

5. Na primeira igreja local em Jerusalém, as pessoas que aceitaram a __________ foram ____________.

6. O batismo é para os que __________ em Cristo e o modo do batismo é por ____________.

7. Quais as quatro atividades da primeira igreja local?
   1) A ____________ dos ____________.
   2) A ____________.
   3) O ____________ do ____________.
   4) As ____________.

8. Para mostrar de uma maneira prática a comunhão, o cristão deve estar presente em todas as ____________ da ____________.

9. Na ceia do Senhor, Jesus está ____.

10. Na Ceia do Senhor, proclamamos a ________________ do ________________ até que ele ______________________________.

A Igreja Do Novo Testamento

Prova #2 **Lições 7 a 9**

1. Antes de participar da Ceia do Senhor, o cristão tem o dever de ______________

   e ______________________________.

2. Na igreja primitiva, tomaram a Ceia "_________________ os ____________

   da _________________________________.

3. Por isso, na igreja do Novo Testamento, a Ceia deve ser celebrada pelo menos cada

   ____________________________.

4. Na reunião de oração há a promessa da _______________________ de Jesus.

5. A palavra "concordarem" significa que a igreja local deve ter _______________

   em oração.

6. Para obter respostas ás orações, há certas _____________________________.

7. Quais dos membros da igreja são sacerdotes? ________________________.

8. Nós, que somos cristãos, somos o __________________ de Cristo e individual-

   mente _________________________________ do mesmo.

9. Deus dá dons ou manifestações do Espírito Santo para ______________________

   ____.

10. Quais os ministérios básicos ou fundamentais na igreja do Novo Testamento?

1) ______________________ 2) ______________________

3) ______________________ 4) ______________________

5) ______________________

A Igreja Do Novo Testamento

Prova #3 **Lições 10 a 12**

1. Os dois postos ou posições oficiais na igreja são: os ______________________

   e os ___________________________.

2. No Novo Testamento, quatro nomes significam o mesmo ofício e são: 1) _ancião__,

   2) ____________________, 3) ______________, 4) ____________.

3. Sempre houve uma ________________________ de presbíteros e diáconos na

   igreja local.

4. Estes homens foram escolhidos pelo _________________ ______________.

5. Na igreja local, a palavra "disciplina" quer dizer apenas __________________

   porque só Deus tem direito de castigar seus filhos.

6. O propósito da separação é de ajudar o irmão a __________________________

   e voltar á comunidade.

7. Quando um cristão sabe de um irmão vivendo no pecado, deve: (enumerar na ordem

   certa, colocando "X" nas respostas erradas)

   ______ Contar tudo ao esposo ou esposa da pessoa.

   ______ Levar o caso á igreja para resolver em reunião de oração.

   ______ Falar com a pessoa em particular.

   ______ Recomendar ao pastor que expulse a pessoa publicamente.

   ______ Levar um ou dois irmãos para aconselhar a pessoa.

_______ Dizer nada a ninguém.

8. A Grande Comissão define a ________________________________ da igreja.

9. A meta da Grande Comissão é ___________________ ______________________.

10. São quatro os meios de cumprir a vontade de Deus na Grande Comissão, a saber:

 1) ____.

 2) ____.

 3) ____.

 4) ____.

A Igreja Do Novo Testamento

Prova #1

Respostas das Provas Finais

1. Jesus Cristo
2. "dois, três, congregados, Seu nome.
3. Igreja Universal
4. Dia, Pentecoste
5. Palavra ou Jesus, batizados
6. crêem, imersão
7. 1) doutrina, apóstolos

   2) comunhão

   3) partir, pão

   4) orações
8. reuniões, igreja
9. presente
10. morte, Senhor, venha

Prova #2

1. examinar-se, julgar-se
2. todos, dias, semana
3. semana
4. presença
5. unanimidade (ser unânime)
6. condições

7. todos

8. Corpo, membros

9. o melhor funcionamento do corpo.

10. 1) apóstolos

    2) profetas

    3) evangelistas

    4) pastores

    5) mestres

Prova #3

1. anciões (presbíteros), diáconos

2. 1) ancião

   2) presbítero

   3) bispo

   4) pastor

3. pluralidade

4. Espírito Santo

5. separação

6. arrepender-se

7. ___x___ Cantar . . .

   ___3___ Levar . . .

   ___1___ Falar . . .

   ___x___ Recomendar

   ___2___ Levar . . .

___x___ Dizer . . .

8. responsabilidade

9. fazer discípulos

10. 1) Ir

    2) Pregar

    3) Batizar

    4) Ensinar

Bibliografia

Broadbent, E. H., The Pilgrim Church.

Bruce, A. B., The Training of the Twelve.

Bruce, F. F., Acts of the Apostles.

Carmichael, Amy, Gold Cord.

Edersheim, Life and Times of Jesus the Messiah.

Fisher, History of the Christian Church.

Gordon, A. J. Gordon, A Biography.

Hatch, The Organization of the Early Christian Churches.

Hay, Alex. Rattray, The New Testament Order for Church and Missionary.

Holy Bible, The, New King James Version, 1983.

Kaller, Donald W., Analise da Renovação Pentecostal.

Lang, G. H., Affliction.

Latourette, Kenneth Scott, A History of Christianity.

Lightfoot, Bishop, The Christian Ministry.

Martin, Jose, A Igreja, CEIBEL.

McMillan, William M., Doutrina da Igreja, Instituto Bíblico Mineiro.

Meyer, F. B., Paul, a Servant of Jesus Christ.

Morgan, Campbell, The Acts of the Apostles.

Murray, Andrew, Back to Pentecost.

Neander, Planting and Training of the Church.

Newman, A. H., Manual of Church History, Vol. I.

Norbie, Donald F., Early Church, The.

__________, New Testament Church Organization.

Pierson, Dr. A. T., George Muller of Bristol.

__________, Making of a Sermon, The.

Ryrie Study Bible, The, New American Standard.

Stalker, James, The Life of Christ.

Warneck, Dr. John, The Living Christ and Dying Heathenism.

Winter, Ralph D. and Steven C. Hawthorne, Perspectives on the World Christian Movement.

por Alexandre R. Hay

	Verdadeira Manifestação dos Dons	Falsificação Humana	Falsificação Satânica
Dons ou Manifestações do Espírito	No exercício destas as faculdades naturais funcionam livremente mas estão voluntariamente submetidos ao Espírito.	Aqui as faculdades naturais funcionam independentemente, sem ser dirigidas pelo Espírito Santo. Nesta condição estão baixo a influência de Satanás, estando em uma atitude de independência de Deus. A maior parte da atividade da Igreja é efetuada por meio destas falsificações.	As faculdades naturais estão consciente ou inconscientemente baizo a influência direta ou o controle de espíritos malignos. As seitas religiosas e os sistemas políticos inspirados por Satanás funcionam, em parte pelos menos, por meio destas falsificações.
Pregação ou Profecía	Pregação da verdade revelada no poder e demonstração do Espírito. Náo há novas revelações. A revelação completa tem sido dada pelo Filho (I Cor. 14:3; Heb. 1:1-3).	Pregação com palavras persuasivas de sabedoria humana, dependendo da oratória o emocionalismo, o sentimentalismo, etc. (I Cor. 2:1,4).	Pregação de doutrinas que são falsas e contrárias à Palavra de Deus, sob a inspiração direita de espíritos malignos (I Tim. 4:1).
Ensino	Ensino das coisas do Espírito com sabedoria e a luz que dá o Espírito, dependendo Dele para dar o entendimento aos ouvintes. (I Cor. 2:13; Ef. 1:16-19).	Ensino na sabedoria do homem dependendo da habilidade do homem para dar entendimento. (Col. 2:18; Apoc. 2:20).	Ensino de doutrinas falsas sob a inspiração de um espírito maligno. (I Tim. 4:1; II Cor. 11:14,15).
Fé	Fé no que está de acordo à Palavra de Deus e a Sua vontade, e que é dada pelo Seu Espírito Santo. (Ro. 12:3,6).	Um esforço para crêr que depende inteiramente da vontade e de atitudes emocionais.	Fé, inspirada por espíritos malignos, em poderes ocultos de qualquer especie ou em falsa doutrina ou em sistemas politicos satânicamente inspirados.
Palavra de Sabedoria	Claridade na declaração de verdades espirituais reveladas. É dada pelo Espírito Santo.	As verdades espirituais são declaradas com a confiança posta na habilidade natural para dar entendimento.	Supostas revelações do mundo espiritual são recebidas de espíritos malignos.
Palavra de Conhecimento	Aplicação da verdade espiritual as experiências práticas da vida, baixo a inspiração do Espírito.	A sabedoria humana procurando ajustar a verdade espiritual as coisas práticas da vida (Atos 26:9; Rom. 10:2).	Sistema inspirados por Satanás, baseados em princípios satânicos, para o melhoramente das condições entre os homens e entre nações.
Dom de Paracleto	Conselho, consolação, etc. inspirado pelo Espírito Santo, manifestando o amor puro e a sabedoria dc de Cristo quem é o Paracleto.	Esforço para ajudar e aconselhar, baseado na sabedoria humana.	Conselho inspirado por Satanás e baseado sobre seus princípios, como foi o conselho de Pedro a Cristo. (Mateus 16:22,23).
Misericórdia - Atos de Amor	Atos de amor, inspirados pelo Espírito Santo, manisfestando o amor de Cristo.	Atos de amor inspirados somente pela bondade humana. Limitada pela limitações do amor humano.	Manifestações de Interesse no bem-estar humano que é inplrado por Satanás. (Gen. 3:1,4,5).
O Dom de Dar	O dom de dar que esta sob a direção do Espírito Santo.	O dar para receber mérito ou meramente como um dever, ou em resposta a pedidos emocionais ou sentimentais.	O dar inspirado por Satanás que mantem aquilo que leva a cabo seu propósito. Aos sistemas falsos não lhes falta o dinheiro.

	Verdadeira Manifestação dos Dons	Falsificação Humana	Falsificação Satânica
Discernimento de Espíritos	Dado pelo Espírito para discernir entre o que provem Dele e o que é uma decepção feita por Satanás.	Esforço da sabedoria humana para julgar entre o que é de Deus e o que é de Satanás. Comparar Hebreus 4:12.	Os espíritos malignos discernem imediatamente o que é de Cristo e poderão dar esse conhecimento a um que está sob seu controle. (Marcos 1:23, 24; 3:11; 5:7; Atos 19:15; Tiago 2:19).
Serviço Material	O serviço no material que é efetuado sob a direção do Espírito Santo e com a sabedoria que Ele dá.	Serviço material efetuado na sabedoria e poder do homem e oferecido a Deus.	Habilidade e astúcia que são dadas por Satanás à aqueles a quem ele está usando, que lhes capacita para o cumprimento dos propósitos iniciadas por ele.
Governar ou Presidir	Governando sob a direção do Espírito e com Sua sabedoria.	Dependendo da habilidade humana, como por exemplo: da psicologia do líder, para governar e dirigir.	Habilidade para governar, que se manifesta por meio da sabedoria e a personalidade que são dadas por espíritos malignos.
Milagres	Intervenção direita do poder Divino em resposta a fé que é dada pelo Espírito Santo para o que é a vontade de Deus.	Fenômeno natural ou coincidências atribuidas a intervenção de Deus pelo entusiasmo emocional religioso.	Milagres efetuados pelo poder de Satanás. Compare: os feiticeiros de Faraó; II Tes. 2:9; Apoc. 13:13, 14.
Curas	Curas efetuadas pelo poder de Deus em resposta a fé que dá o Espírito Santo para o que é de acôrdo a vontade de Deus.	Curas, reais ou imaginárias, que resultam do uso de meios psíquicos, como a sugestão e atribuidas a intervenção Divina.	Cura efetuada pelo poder de Satanás, como pode ser visto em certas seitas falsas.
Variedades de Línguas	Idiomas vivos dados pelo Espírito como em Pentecostes, como sinal aos incrédulos.	Sonidos estáticos produzidos ao levar certas faculdades da alma a um estado de excitação anormal, ou simulando tal maneira de falar. São os resultados disto a confusão e a glorificação da carne.	Comunicação de um espírito imundo por meio de uma pessoa sob seu controle. Tal comunicação poderá simular piedade, mas é falsa e frequentemente vil. Os resultados disto são a confusão, a doutrina e práticas contrárias as Escrituras.
Interpretação de Línguas	Guia dada pelo Espírito para a interpretação ou tradução da Palavra de Deus, seja em forma escrita ou falada, de um idioma a outro.	A interpretação que é simulada ou que é imaginada como resultado de excitação religiosa que é puramente emocional. Tradução influenciada pelo racíocinio humano.	Interpretação ou tradução que é sugerida a mente por espírito malignos. Poderá simular piedade mas é falsa e frequentemente ímpia. Isto é evidênte em algumas das traduções modernas da Bíblia.